中青年经济与管理学者文库

U1018974

僵尸企业的僵化指数及处置机制研究

李方玉　著

中国财经出版传媒集团
中国财政经济出版社
·北京·

图书在版编目（CIP）数据

僵尸企业的僵化指数及处置机制研究 / 李方玉著.
北京 ：中国财政经济出版社，2024. 11. -- （中青年经济与管理学者文库）. -- ISBN 978-7-5223-3482-0

Ⅰ. F279.23

中国国家版本馆CIP数据核字第20246RG595号

责任编辑：温彦君　　　　责任校对：张　凡
封面设计：智点创意　　　　责任印制：史大鹏

僵尸企业的僵化指数及处置机制研究

JIANGSHI QIYE DE JIANGHUA ZHISHU JI CHUZHI JIZHI YANJIU

中国财政经济出版社 出版

URL：http：//www. cfeph. cn

E－mail：cfeph@ cfeph. cn

（版权所有　翻印必究）

社址：北京市海淀区阜成路甲 28 号　邮政编码：100142

营销中心电话：010－88191522

天猫网店：中国财政经济出版社旗舰店

网址：https：//zgczjjcbs. tmall. com

中煤（北京）印务有限公司印刷　各地新华书店经销

成品尺寸：147mm×210mm　32 开　7. 375 印张　170 000 字

2024 年 11 月第 1 版　2024 年 11 月北京第 1 次印刷

定价：35. 00 元

ISBN 978－7－5223－3482－0

（图书出现印装问题，本社负责调换，电话：010－88190548）

本社质量投诉电话：010－88190744

打击盗版举报热线：010－88191661　QQ：2242791300

策划人语

题记：一个人的精神成长史，取决于他的阅读史。只有阅读能最有效地培养精神生活习惯，而好的习惯又培养性格，性格决定人生。

——我们自豪，因为我们就是创造这精神产品的人。

选择了飞翔，总能看到蓝天；选择了远航，总能感受大海。人生不仅要作出选择，也要坚持住自己的选择。学会计、当编辑是我的意外选择。人说编辑是为人作嫁，可是这一选择我坚持了30年，苦在其中，乐在其中，也算是有声有色。每当我把一本本好书呈献给人们的时候，我觉得我是“富贵”的人：富，不是你身上的钱财，而是你心里的满足；贵，不是你地位的显赫，而是你被人需要的程度。

书海探寻，情怀永恒

我要说，做编辑我幸运，因为我不仅是第一个读者，可以对作品“品头论足”，也可以对作品“生杀予夺”；更重要的是，这是一个有很高层次的平台，在多年与名家的交往和名著的“对话”中，深深地为他们的人格和才学所感动，被作品的精彩所吸引，这不仅使我“下笔如有神”，更使我的思想和灵魂也受到一次次洗礼和震撼，得到一次次升华。对于我的作者我的书，如数家珍，作者中不乏才学和为人同样过人的多位泰斗和“颜值高责任大”的众多才子佳人；策划的作品不仅立足专业还兼顾人文，也是情怀所在，专业加人文路才会更宽更远。

多年的体会是，作为一名编辑，起码要“三心二意”，即“责任心、细心、耐心”和“服务意识、创新意识”。要多策划一些拳头产品，用一个选题推动一个系统工程，用一个系统工程培养一个出版社品牌。给新入职编辑讲座时我做过一个比喻：编辑两项基本功，审稿——甚至要比博导审批学生论文还要全面、细致；选题策划——要像电影导演一样做“星探”，善于发现优秀作者和挖掘好的原创作品。记不清30年来我策划和编辑了多少书，组织和策划了大批教材、业务培训用书、通俗读物、理论专著等，有的获得过国家、省部级各类奖项，有的以其填补空白、社会热点、风格新颖、开拓尝试等特点受到读者的欢迎。正是：

一入书门情似海，
探寻经典职责在。
苦辣酸甜何其乐，
编辑人生也精彩。

想是问题，做是答案

众所周知，目前的图书出版业在行业竞争和纸质图书受到严重冲击的情况下，出版人无不感到莫大的危机。在这种背景下，我们还要积极应对，完善纸质图书的固有特质，拓宽纸媒的功能，挖掘出版内容和形式都精彩的原创作品，适应新形势下读者的更高需求。2017 年至今，在新的时代环境下不断出新，我又策划了多套系列丛书和单本图书，不乏名家著作、教材、学术专著和实务丛书等，继续为扶持学术研究和总结实践最新成果，在高端研究与专业知识普及和应用之间搭建一座座有益的桥梁。

每一个时代的经济环境不同，理论研究和实务探索所需要解决的问题也有所差别。当前我国处于新的历史时期，市场环境和组织模式不断演变发展、推陈出新，经济、管理、财税等领域的新理论、新思想、新方法、新工具也层出不穷。乱花渐欲迷人眼，击水三千浪几何？这些领域的研究人员被时代赋予了更艰巨的责任，也面临着更高、更多元的要求，我们不仅要具备更广阔的学术视野，而且要有更严谨的学术思维。

输在犹豫，赢在行动

《中青年经济与管理学者文库》的作者，都是我国经济与管理领域的中坚力量，也是未来的大家。他们中有些人潜心从事理论研究，有些人则深耕在实务一线，但无论现实身份如何，视野全都没有被拘泥在“象牙塔”内。他们从不同视角对市场经济的不同要素进行细致审视，然后汇聚于“财经版”这面旗帜之下，相互碰撞，彼此激荡，力求在市场经济转型升级的关键时期留下最新鲜的“中国印记”。

这些经济与管理领域的中青年学者，就是我国市场经济发展的潜力与优势，他们的研究成果，不仅将引领市场经济的各个组成环节向更科学、更先进的方向发展，而且将成为我国政府和企业在未来经济世界扮演更重要角色的支点与动力。祝愿这些中青年学者能攀上更高的学术之山，走向更远的研究之路，也期待宏观、中观、微观各个层面的市场参与者都能从这套文库中得到切实的启发与指引，在全面深化改革、增强发展活力的关键时期，发挥正能量和积极作用，为经济社会发展增添新的动力！——这也是我策划此套丛书的初衷。

作始也简，毕也必巨

2021 年，是一个非凡之年，纵观世界风云，抗击疫情“风景这边独好”，“十四五”规划开局，我们喜迎建党百年。“其作始也简，其将毕也必巨。”从“开天辟地”“改天换地”到“翻天覆地”“惊天动地”，我们党经历了四个历史时期——救国大业、兴国大业、富国大业、强国大业，四件大事铸就了中国共产党百年辉煌。我们不禁感叹——风雨百年创辉煌，“天地”之间“有杆秤”。

2021 年，还是一个纪念之年，出版社成立 65 周年和我从事编辑工作 30 周年。65 年来，财经出版社始终坚持正确的舆论导向和鲜明的出版特色，努力为经济建设和财政工作服务，致力于为读者奉献经典作品，在中国财经出版传媒集团旗下发挥着更大的作用，取得更大的成就。作为一个有着 20 多年党龄的党员，我是生在新中国长在红旗下的幸运的一代，怀着对党无限的热爱和感恩，浓情做事、淡泊做人，用 30 年的情怀和坚守见证了出版业的转型，践行了编辑的天职，向党递交一份努力的答卷。

2017 年策划出版《中青年经济与管理学者文库》至今已五年，得到了众多中青年学者的热烈响应与大力支持，文库诞生至今已囊括专著 60 余种，为中青年学者们提供了展示学术研究成果的平台，作者队伍不断壮大，作品陆续出版。如果您认可，如果您有意愿，欢迎您和您的朋友加盟我们的作者队伍！在中国财经出版传媒集团的“旗舰”下，中国财政经济出版社这“老字号”，一定励精图治，谱写新的篇章。敬请关注“龙媒玉制新书坊”微信公众号，我们用“龙的精神，玉的品质”来助力您实现梦想！

策划人：樊清玉

邮箱：qingyuf@ sina. com

2021 年 12 月 31 日

前言

产能过剩是经济社会面临的重大挑战之一。改革开放以来，我国主要出现了两轮相对较为严重的产能过剩和去产能的时期，对我国经济带来了深远影响。首轮出现在20世纪90年代中后期，随着我国工业化进程的加速，国内出现了从供不应求向供过于求的切换，产能过剩问题主要集中在纺织等轻工业。第二轮则是在2015年前后，产能过剩问题更为复杂，也出现了“僵尸企业”这一形象又特殊的名词，并引起实务界和学术界的热议，僵尸企业的处置也成为当时国家积极稳妥化解产能过剩的重要手段，本书基于2015年前后我国产能过剩背景，对该时期的僵尸企业问题进行了深入剖析。

僵尸企业是指自身“造血能力”不足、陷入财务困境，依靠银行贷款和政府补助等外部资金“输血”而维持生存的企业。2008年全球金融危机导致世界经济整体下滑，我国经济亦受到较大冲击，经济危机过后，国外市场低迷、国内需求下降导致我国钢铁、煤炭、水泥等基础设施产业产能出现大规模的过剩，在经济增长放缓、需求减少的情况下，企业经营受到巨大冲击，由于资金周转困难等原因导致较多企业陷入财务困境，而一些产能过剩本应被市场淘汰的企业在政府补助和银行贷款等外部资金的帮助下勉强存活，逐步恶化为僵尸企业。在随后的几年，僵尸企业问题日益凸显，其浪费社会资源、加剧产能过剩、阻碍产业发展、恶化信用环境、诱发系统性风险等危害形成了大家的共识，妨碍了我国经济发展和社会稳定。从2015年开始，国务院多次会议指出要深化改革，加快推进僵尸企业清理处置，提升企业发展质量和效益，优化社会资源配置，积极化解产能过剩，推动经济的健康发展。

学术界对于僵尸企业的研究主要集中于僵尸企业的定义、识别方法、成因、处置方法等方面的理论探索，鲜少有研究针对僵尸企业微观层面进行深入剖析，运用量化方法探究僵尸企业的僵化程度差异，学术界对于僵尸企业处置方面的研究主要以理论分析为主，在我国政府倡导分类处置僵尸企业的背景下，较少有研究从僵尸企业实际数据角度提出可量化的僵尸企业分类标准，进而将量化分类标准与僵尸企业分类处置方法相结合。

本书在对国内外有关僵尸企业认定标准、成因以及对策方面的文献进行总结归纳的基础上，借鉴国外学者提出的僵尸企业信贷补贴计算方法，引入对中国僵尸企业产生重要影响的政府补贴因素，参考国内外学者对于净利润和资产负债率在衡量僵尸企业时的重要性和认可程度，将扣除信贷补贴和政府补助后的实际净利润连续三年之和为负数且资产负债率超过行业平均水平这两个条件作为本书识别僵尸企业的认定标准，对2010—2017年我国A股非金融行业上市公司中的僵尸企业样本进行识别。然后，通过文献回顾梳理、实证检验以及僵尸企业核心特征分析，对僵化指数的基础财务指标、公司治理指标以及外部资金依赖度指标进行筛选，运用符合本书研究目标和指数构建需求的熵值法作为僵化指数指标的赋权方法。根据当时宏观经济环境波动情况对研究时间段进行划分，针对各时间段僵尸企业样本情况运用熵值法分别构建包含基础财务指标、公司治理指标以及外部资金依赖度指标在内的综合僵化指数模型，并对各时间段僵尸企业的僵化指数分布情况进行统计分析。最后，在此基础上将计算得到的僵尸企业各时期僵化指数与企业僵尸状态持续期这两个因素相结合，对僵尸企业的综合僵化程度进行衡量，得到僵尸企业分类标准，按照综合僵化程度将僵尸企业分为轻度僵化、中度僵化和重度僵化三大类，通过分析各类僵尸企业的数据特点，分别提出适合不同类别僵尸企业的处置策略，进而形成僵尸企业的分类处置机理，并结合上市公司实际案例对各类别僵尸企业的处置策略加以分析。同时，进一步优化包含僵尸企业处置法律制度、政府部门工作机制以及综合保障机制在内的僵尸企业处置配套机制，完善僵尸企业的僵化风险预警及管理机制，最终形成长效化和常态化的僵尸企业处置机制，为推动僵尸企业处置工作的顺利进行提供参考。

本书的创新点主要体现在以下三个方面：

(1) 发现了僵尸企业的僵化规律。本书在国内外研究僵尸企业文献的基础上，抓住我国僵尸企业的核心特征，提出具有全面性、科学性、数据可获取性的僵尸企业识别标准，同时，选取反映僵尸企业综合情况的基础财务指标、公司治理指标以及外部资金依赖度指标，运用符合本书研究目标的熵值法进行赋权，探索性地构建了衡量僵尸企业某时刻僵化程度的僵化指数模型，反映了僵尸企业综合数据特点，探索了僵尸企业的僵化规律，丰富了现阶段僵尸企业的研究思路和内容。

(2) 揭示了僵尸企业的分类处置机理。本书通过构建僵化指数模型，从横向和纵向两个维度，将僵尸企业某时刻的僵化程度与僵尸状态持续期相结合，形成可量化的僵尸企业综合分类标准，将僵尸企业分为轻度僵化、中度僵化和重度僵化三大类，有针对性地提出适合不同类别僵尸企业的处置策略，揭示了僵尸企业、分类标准与处置策略之间的相互联系以及分类处置原理，为企业和政府部门处置僵尸企业提供了参考依据。

（3）完善了僵尸企业处置机制。本书一方面从宏观社会经济层面，提出了优化包含僵尸企业处置法律制度、政府部门工作机制以及综合保障机制在内的僵尸企业处置配套机制的相关建议；另一方面，对宏观僵化风险预警机制进行了优化，并构建了包含僵化风险组织结构与文化、信息沟通与报告、企业战略与目标设定以及僵化风险识别与应对四方面的企业僵化风险管理机制，有助于提高僵尸企业处置的效率和效果，为推动僵尸企业处置工作的顺利进行提供参考。

作者

2024年10月

目

录

第1章

导 论

1.1 研究背景

2008年金融危机导致世界经济整体下滑，我国经济亦受到较大冲击。为了应对经济危机，我国政府于2008年11月推出了进一步扩大内需、促进经济平稳较快增长的一系列措施，采取了大规模的投资刺激计划，导致基础工业产能迅速膨胀，部分行业出现了过度投资、盲目扩张的现象，为僵尸企业的产生和蔓延埋下了隐患。经济危机过后，国内需求下降、国外市场低迷导致我国基础设施产业产能出现大规模的过剩。在经济增长放缓、需求减少的情况下，企业经营受到巨大冲击，订单不足、产品滞销、资金周转困难等原因导致众多企业陷入财务困境，而一些产能过剩本应被市场淘汰的企业在政府补助和银行贷款等外部资金的帮助下勉强存活，逐步恶化为僵尸企业。

僵尸企业作为资源配置扭曲的一种外在表现，成为掣肘中国经济高质量发展的症结之一。2015年11月，习近平总书记在中央财经领导小组会议上提出要“在适度扩大总需求的同时，着力加强供给侧结构性改革”，2015 年 12 月召开的中央经济工作会议指出，2016 年我国经济工作的重点是要积极推进结构性改革，促进社会经济持续健康发展。推进供给侧结构性改革是适应和引领经济发展新常态的重大创新和必然要求，要抓好去产能、去库存、去杠杆、降成本和补短板五大任务。其中去产能是首要任务，积极化解产能过剩，特别是我国僵尸企业造成的低效落后过剩产能，是实现去产能目标的核心内容。2015 年年底中央经济工作会议提出要妥善处理保持社会稳定和推进结构性改革的关系，尽可能多兼并重组、少破产清算，做好职工安置工作，严格控制增量，防止新的产能过剩。

2016 年 2 月，国务院下发了关于化解煤炭、钢铁两个行业过剩产能的相关意见，僵尸企业的处置受到了国家的高度重视。2016 年年底中央经济工作会议指出，要深入推进“三去一降一补”，加快处置僵尸企业的步伐，对环保、能耗、质量、安全等相关法律法规和标准应严格执行与监督，积极推动企业兼并重组，做好职工安置工作，运用市场化和法治化手段化解过剩产能。2017 年中央经济工作会议继续提出要紧抓僵尸企业问题，破除无效供给，加快处置僵尸企业，化解过剩产能。随着国家对僵尸企业问题重视程度的加深，各级地方政府在中央领导下纷纷采取相应措施，因地制宜地开展僵尸企业处置行动，但是由于涉及面广、时间跨度大等原因，僵尸企业处置等问题在推进过程中还存在一定困难。时任总理李克强在 2019 年政府工作报告中也明确指出，要继续深化重点领域改革、加快完善市场机制，依法处置僵尸企业。

2015 年 12 月召开的国务院常务会议强调，“对不符合国家能耗、环保、质量、安全等标准和长期亏损的产能过剩行业企业实行关停并转或剥离重组，对持续亏损三年以上且不符合结构调整方向的企业采取资产重组、产权转让、关闭破产等方式予以‘出清’，清理处置‘僵尸企业’”，这是我国政府部门首次明确僵尸企业的概念和界定范围，但是该界定方法由于数据获取难度大、界定条件缺乏具体量化指标而在实务界缺乏可操作性，因此我国学术研究领域纷纷从不同的角度对僵尸企业的定义、识别方法、成因和处置等内容展开了研究，僵尸企业的认定标准作为研究僵尸企业问题的核心内容，仍具有后续探讨的价值。

因此，本书借鉴国内外僵尸企业相关研究，提出数据可获取性强、过程可操作性高的僵尸企业识别方法，针对我国上市公司中的僵尸企业，从僵尸企业微观财务表现、公司治理水平以及外部资金依赖度入手，根据国内生产总值增长率的波动情况对研究时间段进行划分，分时期构建衡量僵尸企业某时段僵化程度的指数模型，将量化的僵尸企业某时段僵化指数与企业僵尸状态持续期充分结合，对僵尸企业的综合僵化程度进行评价与分析，按照综合僵化程度将僵尸企业合理分为轻度僵化、中度僵化以及重度僵化三大类，形成僵尸企业分类处置机理，为僵尸企业的分类处置提供了可靠依据，为推动僵尸企业处置工作的顺利进行提供参考。

1.2 研究意义与研究目标

近些年，学术界对僵尸企业的相关内容展开了一系列研究，研究重点主要集中于僵尸企业的定义、认定标准和成因等方面，其中，在僵尸企业数据研究方面起到基础作用的认定标准尚未在学术界形成统一标准，相关研究中涉及的僵尸企业研究样本仍存在一定差异。同时，现阶段学术界关于僵尸企业清理处置方面的研究仍停留在理论分析方面，缺乏与僵尸企业实际数据的有机结合，尚未形成僵尸企业分类处置的量化标准。因此，进一步深入研究僵尸企业相关问题，将理论分析与实际数据相结合，对僵尸企业的僵化程度进行量化分析与分类，一方面对于僵尸企业领域研究的丰富和完善具有重要促进意义，另一方面可为政府部门分类处置僵尸企业提供参考依据，有助于加快僵尸企业的处置步伐，增强市场主体活力，推动中国经济的高质量发展。

1.2.1 研究意义

（1）理论意义

①深化对僵尸企业的认识。第一，进一步明确并完善僵尸企业的定义及认定标准。僵尸企业从其核心特征来说，是指那些靠“输血”来维持生存的企业，一旦银行或政府停止向其“输血”，僵尸企业则无法存活。生产效率低下、盈利能力严重不足、债务负担沉重且依赖外部资金“输血”均为僵尸企业的主要特征和表现，大量僵尸企业未能按照市场规律淘汰退出，造成了社会资源的严重浪费，阻碍了社会经济健康有序运行。因此，明确僵尸企业的认定标准，是解决僵尸企业现实问题的第一步，也是核心内容之一，通过科学合理的认定标准，可以准确有效地识别僵尸企业，为后续僵尸企业相关问题的学术研究及实务处理提供依据。国内外学者从不同角度、不同思路提出了僵尸企业的认定标准。国外学者主要对银行的救助作用进行了分析，强调了银行贷款对僵尸企业的重要性，但缺点在于未充分考虑政府所起到的作用，而政府的扶持和救助正

是我国僵尸企业得以存活并蔓延的重要原因。国内学术界对于僵尸企业的识别较为多样化，既有参考国外学者提出的银行利率法，也有基于企业财务指标进行判别的实际利润法、持续亏损法等。除此之外，国务院从持续亏损，不符合环保、安全和质量等标准的角度对僵尸企业进行了界定，部分地方政府在国务院标准的基础上结合地区实际情况对僵尸企业认定标准进行了调整。总的来说，国内外学术界及我国政府部门对于僵尸企业的认定标准并没有统一的观点，部分方法稍显片面、缺乏实际操作性以及可比性。因此，本书针对我国僵尸企业的现状，从僵尸企业的核心特征着手，明确相关定义及认定标准，为僵尸企业的后续研究提供了理论基础。第二，分时期构建僵化指数理论模型。本书通过分析僵尸企业的财务经营情况、公司治理水平以及外部资金依赖度，对财务困境领域涉及财务指标研究的部分文献采用的各类财务指标进行统计归纳，筛选出符合研究要求且反映企业盈利能力、偿债能力、营运能力、发展能力和现金流水平的基础财务指标，结合公司治理指标以及企业外部资金依赖度指标，形成本书僵尸企业僵化指数的综合评价指标。同时，通过实证检验发现宏观经济环境对于僵尸企业具有显著影响。为了提高可比性和准确性，本书根据国内生产总值增长率的波动情况，对研究时间段进行划分，针对不同时期的僵尸企业运用熵值法对综合评价指标进行赋权，分别构建不同时期的僵化指数模型，通过量化方法对僵尸企业的僵化程度进行衡量，丰富了僵尸企业僵化程度的理论分析。

②拓宽僵尸企业处置的研究视野。本书根据构建的僵尸企业僵化指数，通过横向僵化指数以及纵向僵尸状态持续期两个维度对僵尸企业的综合僵化程度进行评价，按照综合僵化程度的高低将僵尸

企业分为轻度僵化、中度僵化和重度僵化三大类，结合各类别僵尸企业的特点，分别提出适合不同类别僵尸企业的处置方法，形成僵尸企业分类处置机理，进一步深化对僵尸企业处置的理论、途径、方法等认识，从而拓宽了僵尸企业处置的研究视野。

（2）实践意义

①有助于企业、社会公众和政府部门综合判断僵尸企业的僵化程度，为僵尸企业分类处置提供参考。本书提出的僵尸企业认定方法以及构建的僵化指数模型，在一定程度上能够帮助企业、社会公众和政府部门综合判断和衡量僵尸企业的僵化程度，通过僵尸企业综合分类标准对轻度僵化、中度僵化和重度僵化的僵尸企业进行测定，明确僵尸企业的僵化情况及问题的严重程度，为利益相关者的投资选择、投资额度、投资组合等投资决策提供参考，并且有助于企业管理层把握实际情况，采取经营策略调整、技术革新、重组、破产重整、破产清算等方式，实现僵尸企业处置方法选择依据及操作方法的落地。

②有助于加强僵化风险预警及管理，推动国家分类处置僵尸企业工作的顺利进行。本书完善并构建的宏观僵化风险预警机制和企业僵化风险管理机制，有利于提升政府和企业的僵化风险防范意识，加强僵化风险预警管理。另外，结合僵尸企业处置配套机制的完善建议，有利于推进政府部门分类处置僵尸企业的工作进展，加快僵尸企业的处置步伐，增强市场主体活力，推动社会经济的健康发展。

1.2.2　研究目标

本书的研究目标包含以下四个方面：

(1) 完善我国僵尸企业的认定标准

在总结归纳国内外僵尸企业研究文献的基础上，借鉴国内外僵尸企业历史及经验教训，抓住我国僵尸企业特殊性、长期性及复杂性的特点，从僵尸企业自身造血能力低下或丧失、债务负担重以及对外部资金依赖性强等方面完善我国僵尸企业的认定标准。

(2) 建立僵尸企业僵化指数

在明确了僵尸企业认定标准的基础上，根据识别出的僵尸企业样本，基于科学性、全面性、可获取性和可比性等原则选取能够综合衡量僵尸企业财务状况、经营管理情况、公司治理水平以及外部资金依赖程度的相关指标，运用适合研究需求的熵值法对各指标进行赋权，结合宏观经济环境对僵尸企业的影响，分时段构建僵尸企业僵化指数模型，对僵尸企业不同时期的僵化程度进行量化评价。

(3) 形成僵尸企业分类处置机理

依据构建的僵尸企业僵化指数模型，从横向僵化指数维度和纵向僵尸状态持续期维度，总结得出衡量僵尸企业综合僵化程度的标准，按照综合僵化程度对僵尸企业进行分类，针对不同类别的僵尸企业特点，分别提出适合的处置策略，进而形成僵尸企业的分类处置机理。

(4) 优化僵尸企业处置的配套机制和僵化风险预警管理机制

基于僵尸企业分类处置机理，进一步优化包含僵尸企业处置法律制度、政府部门工作机制以及综合保障机制在内的僵尸企业处置配套机制，完善僵尸企业的僵化风险预警及管理机制，最终形成长效化和常态化的僵尸企业处置机制，以期为我们更全面、深入地认识和解决僵尸企业问题提供完整的视角，为推动僵尸企业处置工作的顺利进行提供参考，促进我国社会经济的健康稳定发展。

1.3 研究内容与研究方法

本书试图在我国大力推进供给侧结构性改革、积极化解产能过剩、加快处置僵尸企业问题的背景下，从学术角度对僵尸企业及其处置方法进行研究和分析。考虑到企业数据的可获取性、可操作性和可比性，本书的研究范围为我国 A 股非金融行业的上市公司。随着我国国有企业改革的推进和深化，对国有企业进行具体分类、准确界定不同类型国有企业的功能，是新形势下深化国有企业改革的重要内容。国有企业不仅包括处于竞争行业的商业类国有企业，还包括处于关系国家安全、国民经济命脉的重要行业和关键领域的国有企业，以及将保障民生、服务社会、提供公共产品和服务作为主要目标的公益类国有企业，后两类国有企业的特殊性决定了其研究重点与一般竞争类企业存在较大差异。上市公司中的国有企业均已按照市场化要求实行商业化运作，依法独立自主开展生产经营活动，面对市场竞争实现优胜劣汰、有序进退。因此本书将上市公司中的国有企业均视为商业类国有企业，在后续研究中暂不考虑处于关系国家安全、国民经济命脉等行业和领域的特殊国有企业以及以保障民生、服务社会、提供公共产品和服务为主要目标的公益类国有企业。

1.3.1 研究内容

本书的研究内容主要包括以下几方面：

(1) 僵尸企业的认定标准。本书通过对国内外僵尸企业的相关文献进行回顾与评价，在国外学者提出的广受国内外学术界认可的僵尸企业识别方法基础上，借鉴国内学者对僵尸企业认定的思想，结合我国僵尸企业的特殊表现，提出符合我国僵尸企业特点、数据可获取性强、具有可操作性的僵尸企业认定标准，对我国A股上市公司中的僵尸企业进行识别与统计研究。

(2) 僵尸企业的僵化指数。本书通过对财务预警领域运用指标进行数据分析研究的相关文献加以统计与归纳，选取使用频数最多的各类财务指标作为僵化指数模型的基础财务指标，通过实证研究公司治理变量与僵尸企业的相关关系，在僵化指数模型中引入与僵尸企业存在显著相关性的公司治理指标，同时结合僵尸企业的核心特点，将反映僵尸企业外部资金依赖度的指标补充进僵化指数模型中，最终形成满足本书僵尸企业僵化指数构建目标和原则的综合指标体系。针对本书僵尸企业认定标准识别出的上市公司僵尸企业样本，运用熵值法对筛选的指标进行赋权，分时间段构建僵尸企业的僵化指数模型，并对各时段僵尸企业的僵化指数结果进行分析。

(3) 僵尸企业的分类处置机理。通过僵化指数模型计算得到的僵化指数，反映了僵尸企业某时段的僵化程度，结合企业僵尸状态持续期长短，形成衡量僵尸企业综合僵化程度的评价标准，按照综合僵化程度可将僵尸企业分为轻度僵化、中度僵化和重度僵化三类，针对各类僵尸企业分别提出不同的处置方式，并结合上市公司实际案例对各类处置方式进行验证分析。

(4) 僵尸企业的处置机制。基于僵尸企业分类处置机理，优化包含僵尸企业处置法律制度、政府部门工作机制以及综合保障机制在内的僵尸企业处置配套机制，完善僵尸企业的僵化风险预警及管理机制，形成僵尸企业长效处置机制。

1.3.2 研究方法

针对研究内容及其特点，本书采用文献归纳、理论分析、实证研究以及案例分析相结合的方法展开研究，主要包括以下几种方法：

（1）比较分析法

根据国内外关于僵尸企业的重要研究成果，采用比较分析法梳理僵尸企业相关文献的主要观点，总结抽象出逻辑严密的僵尸企业内涵、外延及分类，梳理构建僵尸企业处置机制的基本思路，并且通过搜索整理财务预警指标的相关文献，对文献中所使用的各类指标进行归纳统计，作为本书僵尸企业僵化指数基础财务指标选取的参考依据。

（2）统计分析法

统计分析作为数据分析和计量模型构建的基础，在本书的多个研究内容中均有不同程度的体现。本书利用最基本的统计方法对文中涉及的企业财务、会计信息、公司治理结构以及国内生产总值等数据进行整理、汇总和计算。在此基础上借助图表等描述方法，发现和揭示僵尸企业分布特征、企业财务经营状况与管理发展前景、宏观经济环境变化与走势等内容，并在实证研究与指数构建过程中对相关变量及指标进行相应的描述性统计分析和相关性检验，为相关计量模型的构建提供必要的统计分析和指导，增强研究的科学性、实证检验的可信度以及指数构建的有效性。

（3）实证研究法

本书利用面板数据和宏观变量时间序列数据，构建面板数据的 Logit 回归模型并运用统计软件对公司治理水平与僵尸企业的相关关系以及宏观经济环境对僵尸企业的影响进行实证分析。除此之外，运用熵值法对僵尸企业的基础财务指标、公司治理指标以及外部资金依赖度指标进行赋权，最终得到各时期僵尸企业的僵化指数模型。

（4）归纳演绎法

采用归纳演绎法总结归纳各时期僵尸企业僵化指数的分布特点，将僵尸企业僵化指数与企业僵尸状态持续期相结合，形成衡量僵尸企业综合僵化程度的评价标准，按照综合僵化程度将僵尸企业归纳为不同的类别，采用演绎法提出适合不同类别僵尸企业的处置方法，并通过分析上市公司中符合各类别僵尸企业标准的实际案例，对不同类别僵尸企业的处置方法予以补充说明。

1.4 研究思路

本书的基本研究思路是：在我国供给侧结构性改革的背景下，首先，借鉴国内外僵尸企业相关研究进一步完善符合我国社会经济现状且操作性强的僵尸企业识别方法，对我国上市公司中的僵尸企业样本进行识别；其次，结合僵尸企业核心特征分时期构建衡量僵尸企业某时段僵化程度的指数模型；再次，按照僵化指数对僵尸企业进行分类，形成僵尸企业分类处置机理，并结合上市公司实际案例加以深入分析；最后，基于僵尸企业分类处置机理构建并完善僵尸企业处置机制。本书的研究思路如图 1－1 所示。

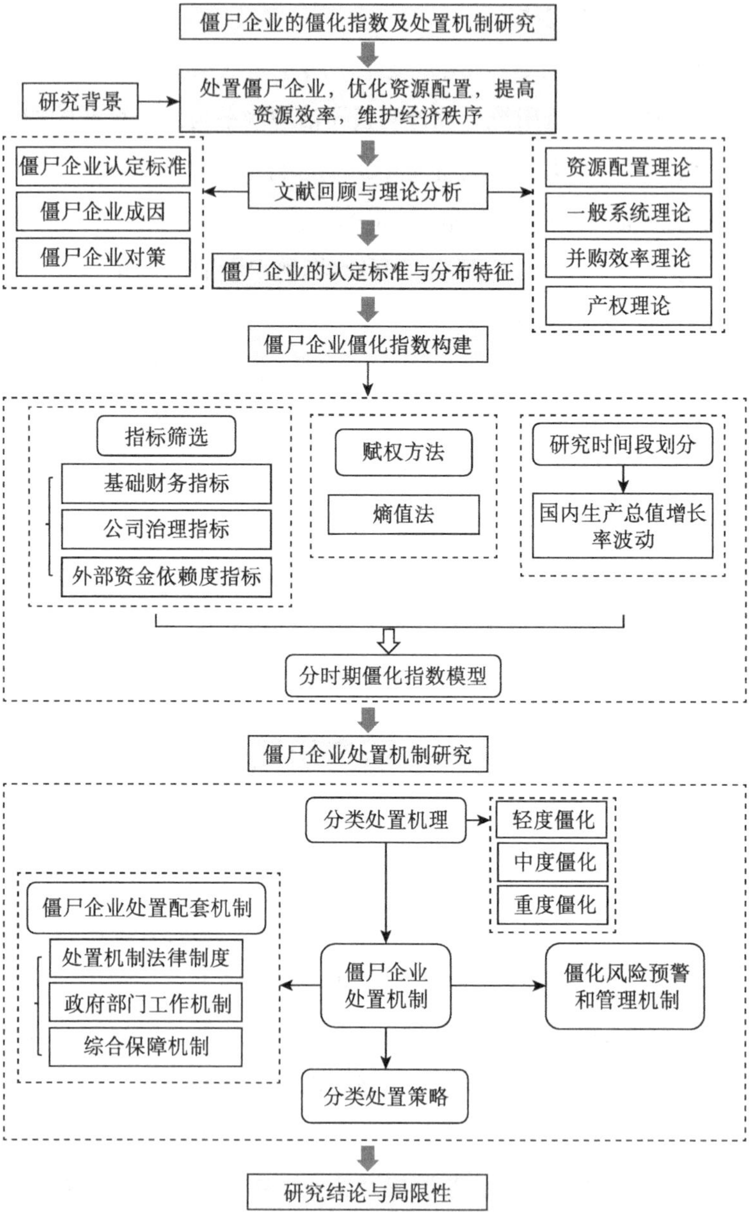
僵尸企业的僵化指数及处置机制研究
研究背景
处置僵尸企业，优化资源配置，提高资源效率，维护经济秩序
僵尸企业认定标准
僵尸企业成因
僵尸企业对策
文献回顾与理论分析
资源配置理论
一般系统理论
并购效率理论
产权理论
僵尸企业的认定标准与分布特征
僵尸企业僵化指数构建
指标筛选
基础财务指标
公司治理指标
外部资金依赖度指标
赋权方法
熵值法
研究时间段划分
国内生产总值增长率波动
分时期僵化指数模型
僵尸企业处置机制研究
分类处置机理
轻度僵化
中度僵化
重度僵化
僵尸企业处置配套机制
处置机制法律制度
政府部门工作机制
综合保障机制
僵尸企业处置机制
僵化风险预警和管理机制
分类处置策略
研究结论与局限性

图 1-1　研究思路

1.5 创新点

本书的创新点主要体现在以下三个方面：

（1）发现了僵尸企业的僵化规律。本书通过对国内外僵尸企业文献的回顾总结，将国外学者提出的银行信贷补贴支持与国内学者强调的政府补助支持、实际净利润持续亏损、资产负债率高于行业平均值等僵尸企业特征相结合，提出了理论上更合理、囊括范围更全面、数据可获取、计算可操作的上市公司僵尸企业认定标准，并在此基础上，针对上市公司僵尸企业样本，选取反映企业基本财务及经营情况的基础财务指标、衡量企业公司治理水平的公司治理指标以及体现僵尸企业获得政府财政支持及银行信贷补贴程度的外部资金依赖度指标，运用熵值法对各类指标进行赋权，探索性地构建了衡量某时段僵尸企业僵化程度的僵化指数模型，反映了僵尸企业综合数据特点，通过客观数据揭示了僵尸企业的僵化规律，拓宽了僵尸企业问题的研究思路。

（2）揭示了僵尸企业的分类处置机理。从2015年开始，我国政府大力推动僵尸企业处置，并提出应该对僵尸企业实行分类处置措施，该意见受到了学术界的关注，部分学者从经济学、管理学和法学等角度对僵尸企业分类处置进行了理论分析，涉及的僵尸企业分类方法仍停留在定性分析阶段，尚未有研究将僵尸企业定性分类与企业实际数据相结合，提出可量化的详细分类方法。本书通过构建僵尸企业僵化指数模型，将某时段计算得到的僵化指数与企业僵尸状态持续期两个维度相结合，提出了衡量僵尸企业综合僵化程度的量化分类标准，将僵尸企业分为轻度僵化、中度僵化和重度僵化三大类，有针对性地提出适合不同类别僵尸企业的处置策略，并结合上市公司实际案例进行了系统论证分析，揭示了僵尸企业、分类标准与处置策略之间的相互联系以及分类处置原理，丰富了僵尸企业研究领域，为企业和政府更有效地处置僵尸企业提供了参考依据。

（3）完善了僵尸企业处置机制。针对僵尸企业问题的复杂性与严重性，本书一方面从宏观社会经济层面，提出了包含僵尸企业处置法律制度、政府部门工作机制以及综合保障机制在内的僵尸企业处置配套机制的优化建议；另一方面，对宏观僵化风险预警机制进行了完善，并构建了包含僵化风险组织结构与文化、信息沟通与报告、企业战略与目标设定以及僵化风险识别与应对四方面的企业僵化风险管理机制，将僵化风险管理融入企业日常生产经营管理、任务目标确定以及战略决策制定中，为常态化应对僵尸企业问题提供了新思路。僵尸企业处置机制的完善有助于提高僵尸企业处置的效率和效果，为推动僵尸企业处置工作的顺利进行提供参考。

第 2 章

文献综述与理论基础

本章首先对国内外与僵尸企业有关的文献进行梳理归纳和简要评述，然后针对本书研究内容所涉及的主要研究理论进行回顾与分析。

2.1　文献综述

本节从僵尸企业的认定标准、成因以及对策方面对国内外学者的主要观点进行梳理，在总结归纳的基础上进行分析评述，以期为我们更全面、深入地认识和解决僵尸企业问题提供完整的视角，为后续僵尸企业研究奠定基础。

2.1.1　僵尸企业的认定标准

僵尸企业的认定标准是僵尸企业研究的核心内容，通过科学合理的认定标准，可以准确有效地识别僵尸企业，为后续僵尸企业相关问题的学术研究及实务处理提供依据。国内外学者对于僵尸企业认定标准的观点主要包括以下四类。

（1）银行利率观

Hoshi（2006）通过对20世纪末日本僵尸企业问题的研究，认为在同样会计期间内企业实际利息支出低于其最低要求利息支出的企业为僵尸企业。Caballero 等（2008）提出的僵尸企业识别方法更加侧重于对信贷补贴接受度的考察，若企业实际利息支出低于假设的无风险利息支出，则被认定为僵尸企业。该方法又称“CHK标准”，作者首先构建了衡量企业 i 第 t 年的最低要求利息支出（$R_{i,t}^*$）的公式，如下所示：

$$R_{i,t}^* = rs_{t-1}BS_{i,t-1} + \left(\frac{1}{5}\sum_{j=1}^{5} rl_{t-j}\right)BL_{i,t-1} + rcb_{\text{min over last 5 years},t} \times Bonds_{i,t-1}$$

其中，$BS_{i,t}$、$BL_{i,t}$和$Bonds_{i,t}$分别表示企业 i 第 t 年年末的短期银行贷款、长期银行贷款和未清偿债券总额（包括可转换债券以及附认股权的债券）；rs_t、rl_t和$rcb_{\text{min over last 5 years},t}$分别表示 t 年的平均短期（一年以内）最优惠利率、平均长期最优惠利率以及 t 年之前五年内发行的可转换公司债券最低的可观测到的票面利率（即近五年内可观测到的同类企业发债的最低利率）。然后，将假设的最低要求利息支出（R^*）与公司的实际利息支出（$R_{i,t}$）进行比较，根据公式 $x_{i,t} = r_{i,t} - r_{i,t}^* = (R_{i,t} - R_{i,t}^*)/B_{i,t-1}$ 计算出实际利息率 r 和理论最优债券利率 r^* 的差距 $x_{i,t}$。如果 $x_{i,t}$小于0，则将企业认定为僵尸企业；如果 $x_{i,t}$大于0.5，则将企业认定为非僵尸企业（健康企业）；而当 $x_{i,t}$介于0到0.5时，则企业具有某种程度上（0与1之间）的僵尸化。

Fukuda 和 Nakamura（2011）在“CHK标准”的基础上对僵尸企业的认定标准进行了补充完善，剔除息税前利润超过假设的无风险利息支出的企业，同时将无收益、高杠杆且外部借款增加的企业纳入僵尸企业范围内，该修正方法又称为“FN-CHK 标准”。

聂辉华等（2016）在国发院发布的年度研究报告中对 FN-CHK 标准加以补充，将当年和前一年都被 FN-CHK 方法识别为僵尸企业（即企业获得的贷款利息率低于正常的市场最低利息率）的企业认定为僵尸企业。谭语嫣等（2017）同样借鉴了 FN-CHK 标准对僵尸企业进行识别，同时在稳健性检验中增加了三种补充检验僵尸企业的识别方法，一是将息税前利润小于最小利息净支出、企业资产负债率大于 50% 且当期负债比上一期有所增加的企业认定为僵尸企业；二是用前后两年平均的企业负债水平替代基准最低利息中的负债水平；三是用营业利润替代利润总额对 FN-CHK 标准进行检验。

（2）持续亏损观

2015 年 12 月召开的国务院常务会议，将僵尸企业表述为“不符合国家能耗、环保、质量、安全等标准，持续亏损三年以上且不符合结构调整方向的企业”，要求采取资产重组、产权转让、关闭破产等方式处置清理僵尸企业。

（3）实际利润观

有学者提出，若企业每股净资产连续三年低于面值，并且扣除非经常损益后的每股收益连续三年为负数，则该企业为僵尸企业，其中，非经常损益主要包括政府补贴、税费返还等，因此将非经常损益扣除后，能较为清楚地反映出企业的实际利润（陈本菲，2016；何帆和朱鹤，2016；杨宇焰，2016）。黄少卿和陈彦（2017）首先借鉴 CHK 方法计算出企业每年的最低应付利息，减去企业利息支出得到信贷补贴金额，然后将利润总额减去信贷补贴和政府补贴金额，得到扣除补贴后的实际利润，并用连续三年的实际利润之和进行平滑，若连续三年扣除补贴后的实际利润总额之和为负，则认定为僵尸企业。在此基础上，作者又将连续三年净资产持续增加作为修正条件，将满足该条件的企业从僵尸企业中排除。

（4）综合评价观

Hoshi 和 Kim（2012）参考 FN－CHK 标准的识别思想，从盈利能力差以及负债程度高但能够从债权人处获得资金援助两个维度对僵尸企业进行识别，采用财务支出占销售收入的比重（FES）衡量企业盈利能力和负债水平，FES 值高，说明企业具有较低的盈利能力或者较高的负债水平，银行援助指数（BH）反映了企业新增贷款数量和到期债务展期的比例变化情况，新增贷款确定时，BH 值越高，表示到期债务展期的比例越高。综合上述两个指标，作者构建了以下函数方差用以测量 j 行业企业 i 在第 t 年是否为僵尸企业。

$$Z_{ijt}(f,h)=\begin{cases}1, & FES_{ijt}>f,\ BH_{ijt}>h\\0, & otherwise\end{cases}$$

其中，当给定 f 和 h 的取值后，若取值为 1，则表示企业 i 是僵尸企业。

何帆和朱鹤（2016）除了运用实际利润观对 CHK 标准进行修正外，还在 FN-CHK 标准基础上提出了更具综合性的识别方法，即将资产负债率高于 30%、无法正常盈利并且借款持续增加的企业认定为僵尸企业，并将该方法命名为过度借债衡量法。陈本菲（2016）通过归纳总结国内外较为知名的认定方法，提出将净利润减去非经常性损益、政府扶持以及通过 CHK 标准计算出的银行补贴支持金额，得到企业实际净利润，若企业实际净利润连续三年为负数、资不抵债，且不符合国家环保、质量、安全等标准，则认定为僵尸企业。张栋等（2016）综合CHK模型、Hoshi（2006）以及Fukuda和Nakamura（2011）的研究，计算出各年超额利息支付率及其多年平均数、实际利息支出低于假定利息支出下限的次数、利率差及僵尸企业模糊集，根据这些指标将样本分为僵尸企业、僵尸性企业和非僵尸企业，在此基础上加入盈利性指标、贷款指标对初步认定的僵尸企业进行修正，降低错判的可能性；除此之外，考虑到我国市场经济发展水平和我国僵尸企业的特殊性，将非经常性损益中的政府补助作为政府干预程度的一个观察指标，将扣除政府补助后的净利润作为企业对政府干预依赖程度的衡量指标，对僵尸企业进一步进行修正。

2.1.2　僵尸企业的成因

（1）政府干预观

地方政府对企业运行的直接干预是我国僵尸企业出现和维持生存的最直接原因，地方政府官员的绩效考核以及晋升考察均在一定程度上受到当地经济发展水平、税收质量等方面的影响，因此，地方政府为了提高当地经济发展水平、实现短期快速发展目标，普遍存在降低企业资金及技术门槛、提供投资机会和市场保护、依靠优惠政策吸引外来投资、扶持特定产业等一系列政府干预现象，使大量本应被市场淘汰的低效率企业在政府的干预和保护下得以生存发展，造成社会资源的浪费，过度投资现象的蔓延，加剧了产能过剩（张亮等，2018）。同时，地方政府为了稳定当地经济发展、减少失业人口、维护社会稳定、保障财政收入等，存在为了防止僵尸企业倒闭而继续提供资金补助、干预银行贷款发放等行为，政府干预措施使部分僵尸企业未能遵循市场规律正常退出，而是依靠政府以及银行的资金支持继续存活（何帆和朱鹤，2016；张亮等，2018；曹建海，2000；程虹和胡德状，2016；王立国和高越青，2014；王欣新，2016；赵树文和王嘉伟，2017）。游家兴和魏珊珊（2024）研究发现，企业僵尸化还受到当地政府施政风格的影响，风格越浮夸，僵尸化程度越高。僵尸企业通过政府及银行的资金支持能够继续经营、保留“重获新生”的机会，而地方政府出于多种原因考虑，持续采取不合理财政拨款以及行政干预等行为，使得政企合谋成为可能（聂辉华等，2016）。

（2）产能过剩观

为了应对全球金融危机，我国政府于 2008 年年底推出了扩大内需、促进经济平稳较快增长的十项措施，政府加大投资规模，实施经济刺激计划，部分行业出现过度投资、盲目扩张现象，为我国僵尸企业的大规模蔓延埋下了隐患。金融危机后国际经济增速放缓，市场需求减少，我国出口受到较大影响，部分依赖出口的行业和企业订单骤减、商品滞销、资金周转出现严重问题（聂辉华等，2016），并且随着劳动力成本的增长，劳动密集型企业的利润空间受到压缩。面对市场经济环境和需求的变化，市场竞争日益激烈，未能做好风险预警、及时调整经营策略和战略规划的企业遭受巨大冲击，导致产能出现过剩，产品积压，资金周转困难（王立国和高越青，2014；熊兵，2016；浙江省发改委产业处，2013）。

（3）银行坏账观

企业尚未恶化为僵尸企业时与银行建立信贷联系，规模较大、信用资质较好的国有企业和优质民营企业获取银行信贷资金的金额更大、机会更多，当企业财务状况恶化、演变为僵尸企业后，银行等金融机构为了维持正常经营，保证资本充足率和经营利润，控制风险准备金和不良贷款率，被迫继续向僵尸企业提供信贷资金，希望通过资金支持改善企业经营状况，避免确认更多的呆账坏账，从而使僵尸企业现象不断蔓延，甚至影响到银行等金融机构的正常经营（何帆和朱鹤，2016；张亮等，2018；熊兵，2016）。郁芸君等（2021）研究发现，银行监管规避行为会导致隐形金融风险积累，对僵尸企业的形成具有一定影响。

（4）经营管理弱化观

程虹和胡德状（2016）运用倾向得分匹配法对僵尸企业与非僵尸企业样本的产品质量能力、技术创新能力以及企业家精神等方面进行了比较，实证结果表明，企业产品质量能力低下、技术创新能力不足以及企业家精神匮乏对僵尸企业的形成产生了重要影响。缺乏科学全面的企业内部投资策略与计划是僵尸企业出现资不抵债问题的重要原因（浙江省发改委产业处，2013）。

朱舜楠和陈琛（2016）按照亏损时间将企业分为正常企业、亏损一年、亏损两年和亏损三年四大类，其中，僵尸企业是指持续亏损三年以上的企业，通过对不同类别企业的运营能力、负债能力、企业规模、所属行业、企业性质等方面进行比较，结果发现负债水平、短期偿债能力和企业规模对僵尸企业的形成具有显著影响，运营能力与僵尸企业之间的关系并不显著，通过进一步分析能源开采和制造业企业，发现存货周转天数越长、资产周转越慢的企业越可能成为僵尸企业。

2.1.3 僵尸企业的对策

我国学者根据僵尸企业问题的复杂性与严重性，从不同角度提出了僵尸企业的处置和解决对策，主要包括以下几方面：

（1）减少政府干预。政府部门不合理的行政干预在很大程度上会影响到僵尸企业的产生、蔓延，扰乱正常的市场运行机制和市场竞争环境，阻碍僵尸企业通过优胜劣汰的市场机制退出。因此，减少政府干预，运用市场化方式进行资源配置，避免出现依靠税收优惠、政府担保等方式促成企业兼并重组；大力支持行业内优势企业通过跨地区的方式对过剩产能进行整合；转变选择性产业政策，谨慎使用以扶持新兴、战略性产业为目的的产业政策，避免这些企业在政府保护下盲目生产、做大，防止其偏离市场轨道（聂辉华等，2016；张亮等，2018；王立国和高越青，2014）。

（2）完善相关法律法规，建立合理规范的退出机制。进一步完善《中华人民共和国企业破产法》（以下简称《企业破产法》）等相关的法律法规及配套制度，制定具体的实施细则，加强有关部门与企业对相关规定的认识，促进破产配套性制度改革，推进执法与司法的联动机制，明确执法部门的破产程序协同义务，建立执法部门与法院联系会议制度，推进专业性破产审判，加强对破产法官的选任、培训和考核机制，简化审理程序，提高破产审判与相关实务处置的专业性与处理效率（张亮等，2018；赵树文和王嘉伟，2017）；提高企业所有者与管理层的破产淘汰危机意识，正确看待债务违约和企业破产，提高社会的法治意识和科学理性的契约精神，推进合理规范的市场破产淘汰退出机制的建立，提供健全的法律保障，使市场发挥优胜劣汰的职能（王立国和高越青，2014；朱舜楠和陈琛，2016）。

（3）建立健全金融市场体系。应强化银行的预算硬化，加强对银行体系的监管以及银行放贷质量的监督，防止银行持续向僵尸企业发放贷款，减少政府对银行贷款发放施加的压力，提高银行的防范风险能力（聂辉华等，2016）。推动银行等金融机构剥离不良资产，政府及时注资维持银行等金融机构的正常运营，避免大规模银行受冲击倒闭或者由于资本金不足收缩贷款导致信贷萎缩等问题（何帆和朱鹤，2016）。在注资的同时，政府要加强金融监管，建立止损坏账应对机制，完善上市公司退市制度，杜绝上市公司管理层借助盈余管理手段规避退市的可能，对于已经失去偿付能力的僵尸企业，则应该坚持按照“先退市、后破产”的程序进行处置（黄少卿和陈彦，2017）。

（4）完善社会保障机制。员工下岗、失业人口增加是僵尸企业处置过程中面临的重要问题，各级政府应建立社会托底政策，加大配套专项资金投入，完善下岗分流人员的安置政策，为下岗人员提供就业培训和再就业机会，将企业员工的医疗、劳动保险与社会系统及时有效对接，对于丧失劳动能力的下岗失业员工应提供医疗、养老等方面的社会救助，缓解僵尸企业处置遭遇的人员安置及保障困难，稳定社会秩序（聂辉华等，2016；张亮等，2018；王立国和高越青，2014；朱舜楠和陈琛，2016）。

2.1.4 评价

（1）僵尸企业认定观点评价

明确僵尸企业认定标准是解决僵尸企业问题的核心内容之一，是进一步探究僵尸企业问题的前提条件，国内外学术界以及实务界从不同角度、不同思路提出了僵尸企业认定标准。其中，国务院提出的僵尸企业官方认定标准具有高度概括性，除企业财务表现外，充分考虑了企业与国家结构调整方向一致程度以及对社会环境、安全等方面的影响，对政府部门识别各地区僵尸企业具有重要指导意义。但是从学术研究角度考虑，该方法涉及的环保、能耗、安全等识别标准弹性较大，操作性较弱，数据难以获取，理论研究缺乏可行性和可操作性；另外，根据我国证券市场相关规定，连续亏损三年的上市公司要进行退市预警，因此无法使用该标准对上市公司中的僵尸企业进行识别，并且上市公司中存在一些为了避免退市而对利润进行操纵的企业，运用该方法进行识别会产生“漏网之鱼”。通过净利润和非经常性损益进行识别的实际利润法能较好地反映企业的真实盈利情况，但并未考虑企业的负债水平，以及政府、银行等金融机构的资金支持情况，认定方法较为片面。CHK 标准着重强调了银行信贷支持在识别僵尸企业时起到的决定性作用，建立了清晰明了的信贷补贴计算公式，受到了众多学者特别是资本市场较为发达的国家和地区学者们的认可，但运用该方法对我国僵尸企业进行识别时，一方面缺乏对政府资金支持情况的考虑，在研究我国僵尸企业问题时，无法充分反映僵尸企业得到的政府财政支持情况；另一方面在目前我国市场环境下，信贷补贴公式中的最优利率在实践中较难获取，计算的准确性受到影响（陈本菲，2016；何帆和朱鹤，2016；刘奎甫和茅宁，2016）。FN - CHK 标准虽然对 CHK 标准进行了修正与完善，但仍未考虑政府补助在僵尸企业识别中所起到的作用，并且需要利息支付的理论下限，在某些情况下，相关数据无法获得，若将其作为我国僵尸企业的识别方法，依然存在片面性。Hoshi 和 Kim（2012）的方法与 CHK 标准和 FN - CHK 标准相比，尽管不需要计算假定的利息支付下限，但企业是否为僵尸企业，受到 f 和 h 不同取值的影响，如何合理、准确地确定 f

和 h 的取值，存在一定的困难。

（2）僵尸企业成因观点评价

国内学者对我国僵尸企业成因的分析从多个角度进行了阐述，重点强调了政府和银行在僵尸企业形成过程中的重要作用，通过分析总结僵尸企业的成因，有助于厘清僵尸企业涉及的众多社会、经济、法律、制度等问题，企业之所以演变为僵尸企业、未能通过市场途径正常退出，根本原因在于非市场化的经济运行机制，政府和银行等金融机构为僵尸企业提供了“庇护”，僵尸企业持续“吸食”政府与金融机构，恶性循环的形成严重影响了社会经济的健康有序运行（栾甫贵和李方玉，2017）。

（3）僵尸企业处置对策观点评价

通过对我国学者关于僵尸企业处置策略观点的总结与归纳可知，政府、金融机构与法律制度等因素对僵尸企业的处置起到了重要作用，众多学者纷纷主张应减少政府对僵尸企业的行政干预，健全金融市场体系，完善相关法律法规。上述处置对策主要是从宏观层面结合僵尸企业成因加以展开，缺乏僵尸企业实际数据与理论处置方式的有机结合，对僵尸企业分类处置的研究尚停留在理论分析层面，未能形成包含量化指标数据与理论分析在内的完整分类处置体系。

通过对上述文献的归纳总结，考虑到研究数据的可获取性和可行性，选择适合的僵尸企业认定标准，通过深入分析僵尸企业的数据特征，采用量化方法对僵尸企业僵化程度进行衡量，进而对僵尸企业进行合理分类，结合各类别僵尸企业的特点分别提出适当的处置方法，完善僵尸企业处置机制十分必要，有助于实现僵尸企业监控的多角度、常态化与长效化，丰富僵尸企业领域研究，推动僵尸企业处置工作的顺利进行，保障社会经济发展的健康、稳定和繁荣。

2.2 理论基础

本节针对本书研究内容所涉及的经济学、管理学、社会学等相关领域的主要研究理论进行回顾与分析，以此确定本书的理论基础，并在此基础上对本书的研究视角和切入点进行说明，主要涉及的相关理论基础包括资源配置理论、系统论、并购效率理论和产权理论。

2.2.1 资源配置理论

资源一般可分为经济资源与非经济资源两大类，经济学领域的资源主要是指可以被人类开发和利用、具有一定使用价值的物质要素，是社会经济发展的基本物质条件，包括自然资源、劳动力和资本等。

资源配置，又称资源分配，是指对相对稀缺的资源在各种不同用途上加以比较做出的选择。提高收入的需求效应以及包括技术变动和要素比例变动在内的供给效应共同作用产生了资源配置，随着收入水平的不断提高，资源配置推动国内需求结构、国际贸易结构以及生产结构不断发生变化。马克思主义经济学经典代表作《资本论》对资本主义资源配置方式进行了论述，认为资源配置是基于资源稀缺性的存在而产生的一种调节手段，并且通过社会劳动的概念将资源配置解释为社会总劳动量的分配，合理分配劳动时间就意味着合理分配各种资源（中共中央马克思恩格斯列宁斯大林著作编译局，1976）。因此，资源配置即人类社会和大自然中各种相对稀缺资源在不同用途中进行选择、安排和搭配的过程。国家、组织以及企业等主体高效利用资源的根本目标即为实现资源的优化配置。资源的优化配置是指某种资源配置利用的最佳形式及所达到的最佳配置效率，即在社会经济发展以及整体资源水平确定的情况下，对资源进行充分、合理的利用、安排和组合，达到社会生产和生活所需要的水平（韩冰华，2005）。

古典经济学家亚当·斯密（1972）的资源配置理论对现代资源配置理论产生了重要影响，该理论认为经济系统在经济自由的条件下，资源配置受到人的利益和欲望影响，存在一种自由调节机理，引导经济资源的优化配置。自由市场交换是资源实现合理配置的唯一方式，企业是市场活动的主体，政府不直接干预经济。新古典经济学以边际价值分析取代传统的劳动价值分析，以价格作为基本杠杆来衡量资源是否合理配置，资源合理配置的理论基础为均衡价格论，在资源配置中市场起到了主导作用，市场均衡使得资源实现优化配置。同时，新古典经济学认为帕累托最优是资源分配的理想状态，社会资源达到合理优化配置（贝克尔，1993）。新制度经济学在分析市场配置资源时引入制度变量，其资源配置理论将资源配置与交易看成同一过程的两个方面，不同经济当事人对稀缺资源进行配置利用的过程即为市场经济活动中资源的交易过程（党国英和梁积江，1995）。合理配置、有效使用资源是经济发展的重大任务，可以带来巨大的社会经济效益，节约社会经济资源，避免社会性资源浪费。

所谓资源的错配是针对有效配置而言的。经济学中的有效配置是指从社会角度出发让有限资源获得最大产出的配置效率，而错配就是对这种理想配置状态的偏离（陈永伟和胡伟民，2011）。市场扭曲会导致资源错配，对于金融市场而言，企业生产的关键要素之一为企业的资本，企业获取资本所耗费的成本在很大程度上受金融市场运作的有效性影响，并且会影响到企业之间资本的配置效率（陈永伟和胡伟民，2011；Buera 等，2011）。不恰当的产业政策会扭曲资源配置，造成资源错配，例如，对新企业的进入采取管制、对某些特定企业进行扶持或压制等（Peek 和 Rosengren，2003；Restuccia 和 Rogerson，2008；Guner 等，2008）。

我国政府对国有企业的扶持、信贷对国有企业的倾斜，以及扭曲的劳动力、资源价格等是我国现阶段存在的扭曲现象，使我国的资源错配问题比市场经济成熟的国家和地区更为严重（聂辉华和贾瑞雪，2011；罗德明等，2012；陈永伟，2013）。

对于我国的僵尸企业而言，僵尸企业占用了大量的社会资金、土地、劳动力等生产要素，但自身生产效率极低、经济效益极差，大量落后产能由于外部力量的支持未能及时退出市场，加剧了社会产能过剩问题，市场环境不断恶化，影响了其他正常企业的经营活动和盈利水平；并且僵尸企业在丧失了自身造血能力的情况下仍然能够获得政府补贴、银行贷款等社会资源，而生产效率高、经营状况好的企业却难以获得这些资源，阻碍了高效率企业的成长和发展，产生了严重的资源错配问题，这种资源错配将会造成“劣胜优汰”，从而导致整体社会生产效率的降低。

2.2.2　系统论

辩证唯物主义认为，物质世界是由无数相互联系、相互依赖、相互制约、相互作用的事物和过程组成的统一整体，该思想是系统普遍存在性的哲学基础。1924—1928 年，奥地利理论生物学家贝塔兰菲（1987）多次发表文章表达一般系统论的思想，他认为应当将有机体作为一个整体或者系统进行研究，进而发现不同层次的组织原理。随后，一般系统论经过几十年的发展逐渐形成，该理论源于理论生物学中的生物机体论，与哲学紧密相关，是处于具体科学与哲学之间的基本理论，是关于任意系统研究的一般理论和方法。其主要任务是以系统为研究对象，从整体出发对系统整体以及组成系统整体的各要素间的相关关系进行研究，发现其结构、功能、行为和动态（何盛明，1990）。

一般系统论包括系统的整体性、关联性、层次结构性、环境适应性等原则。其中，系统的整体性是系统本质的属性。系统的整体性源于系统的有机性和组合效应，系统由若干要素组成，要素是系统最基本的成分，系统中各要素的性质和行为会对系统整体的性质和行为产生影响。关联性是指系统与环境、系统与子系统、系统内各个子系统之间的相互作用和相互关系，关联性可用于解释复杂系统的本质，系统中某一要素发生变化，则会引起其他要素发生相应的变化。一个系统包含若干个子系统，而该系统又可以看作是某个更高层级系统的一个子系统，即系统具有较为复杂多样的层次构成，不同层次上的系统运动存在一定的差异和特殊性，因此对复杂多样的系统进行研究时应从高层次系统出发，充分结合联系系统所在的各类关系。系统的外部规定性是指系统与环境之间的相互关系，任何系统均是在某种环境下产生的，并在环境中不断运行、延续、演化，环境与系统之间的关系是不可分割的。环境会对系统的结构、状态、属性和行为等方面产生一定影响。

将一般系统论运用到社会经济与企业关系上，主要包括以下几方面内容：首先，企业要正确认识和把握社会经济发展情况，树立全局观念，企业经营管理和战略制定要符合社会经济发展趋势，审时度势；重视系统要素的管理，构建科学的管理组织模式，加强企业核心要素以及薄弱要素的功能，运用恰当合理的结构方式和组织模式对企业要素进行组织和管理，使企业各要素形成一个有机的系统，加强协同管理，有助于提高企业整体系统功能的效果。其次，构建企业文化，建立合理的激励机制，加强企业系统内各要素之间的相互作用，提升企业内部凝聚力，保障整体系统的稳定性；生产经营、财务、人力等方面均为企业系统下的各个组成要素，各要素若出现差错可能会对整个系统产生较大影响，因此企业应提高对各要素管理的重视程度，加强事前预警、事中监测以及事后管理，对于要素出现的问题及时应对，尽快采取适当措施解决要素问题，降低或避免对整体系统产生负面影响。再次，企业经营运作的制度基础为组织结构，遵循系统的层次结构性原则构建合理的系统组织结构是企业管理的重要目标。最后，对于整个经济社会系统而言，企业是该系统下的一个子系统，社会经济环境、政治法律环境、文化环境、科学技术环境等均在整个社会系统内，是企业的外部环境，与企业密切相关，对企业的生产经营活动有重要影响，因此作为单独系统的企业应加强外部环境分析，积极适应外部环境变化，及时调整企业生产经营管理策略（任志新，2005）。

对僵尸企业而言，一些企业未能及时认清经济发展现状，采取了不合适的投资管理策略，导致债务水平激增、资金紧张，陷入财务困境，并逐步恶化为僵尸企业，而随着社会经济中僵尸企业数量的增多和问题的蔓延，会加剧社会资源的浪费和社会产能过剩，严重损害市场经济环境和证券市场秩序，阻碍社会经济的健康有序发展，因此现阶段对于僵尸企业的研究具有重要意义，并且需要从不同角度对僵尸企业问题进行探究。在对影响僵尸企业的相关因素进行分析时，本书一方面将企业看作一个系统，企业内部各方面的财务表现和公司治理结构等都是该系统下的要素，通过对各个要素的分析有助于更清晰明了地探究僵尸企业的具体表现；另一方面将企业看作是一个微观要素，各个要素组成了整个宏观经济系统，宏观经济环境和政策均对僵尸企业产生了重要影响。除此之外，考虑到宏观经济因素对企业的影响，本书根据宏观经济环境变化情况，针对不同时期僵尸企业构建了不同的僵化指数模型，而具体僵化指数模型是将各僵尸企业划分不同的层次，形成多个子系统，在对各子系统的不同要素进行分析的基础上，逐步整合，最终形成各时期的僵化指数模型。

2.2.3　并购效率理论

企业间的并购重组等活动能为并购双方创造价值，提高社会资源配置效率，推动并购效率理论的产生与发展，并购效率理论认为企业间的重组并购活动是一种能够为社会带来潜在增量的行为，能够节省交易费用，在提高并购双方资源利用效率的同时带动整个社会的经济效益，增加整体社会福利。该理论的主要观点体现为协同效应理论、经营多样化理论和价值低估理论。

协同效应是效率理论的一个基本概念，企业并购后的总效应比并购前各企业单独经营产生的效应之和高的部分称为并购的协同效应。根据协同效应作用的领域可以分为管理协同效应、经营协同效应和财务协同效应三大类。管理协同效应理论也被称为差别效率理论，主要是指企业在并购后管理活动的效率变化以及企业从效率提高获得的经济效益。根据管理协同效应理论，优势企业和劣势企业在管理效率上存在显著差异，激发了企业的并购动机，低效率企业通过并购重组使管理效率得到提高，社会经济整体效益也随之提高。经营协同效应主要是指企业在协同后生产经营活动的效率变化以及企业从效率提高获得的经济效益，并购企业的生产经营得到了改善，经营效益得到提高。财务协同效应理论是指受会计准则、证券交易市场以及税法等相关规定的影响，并购后的企业在财务方面产生现金流量的运作收益，财务能力和现金流水平得到提高、资本成本下降，不同类型的协同效应互相协调配合，有助于提高企业的综合运作效率，实现企业价值的增加（刘春和陆超，2005；田满文，2010；曹翠珍和吴生瀛，2017）。

根据经营多样化理论，企业通过并购增加了经营业务的种类，可分散企业风险，降低经营的不确定性，保护企业的组织资本和声誉资本。价值低估理论则认为，若企业的真实价值或者潜在价值未能通过市场价值真实反映出来，即企业价值受到低估，其他企业可能将其并购，在技术更迭频繁、市场环境波动较大的情况下，市场上企业间的并购活动会频繁发生。

对本书研究而言，处于经营困境中的僵尸企业占用了大量社会资源，阻碍了社会经济资源向优质企业流动，降低了整体社会的经济效益。通过并购手段应对企业的僵尸化问题，有助于处于劣势地位的僵尸企业提高管理、经营和财务水平及效率，改善僵尸企业经营管理现状，加快企业摆脱僵尸状态的步伐，提高整体社会经济效益，是僵尸企业处置的重要方法。

2.2.4　产权理论

产权理论分析的核心概念是剩余索取权与剩余控制权，剩余索取权和剩余控制权相匹配，则为效率最大化的企业产权安排，同时也是企业产权分析框架的基本点。从经济学的角度来看，僵尸企业的破产处置实质上是企业所有权的重新配置，而这正是建立在产权理论分析的基础上（汉斯曼，2001）。股权契约和债权契约在企业的契约关系中占据重要地位。股权契约中的股权所有者（股东）所承担的经营风险是企业收益扣除各类固定支出后的剩余索取权部分，同时也享有企业的剩余控制权。在正常情况下，企业的经营风险不由债权契约中的债权所有者（债权人）承担，债权所有者亦不拥有企业的监督控制权与表决权，主要依靠债务契约维护自身权益，享有契约规定的固定收益权。股权与债权的区别并不是绝对的，企业有能力正常支付债务时，股东是企业的所有者，若企业丧失支付债务的能力，即出现资不抵债时，债权人成为事实上的剩余索取权的所有者，有权力接管控制企业。

企业正常经营时，债务契约中的债权人为降低风险而收取固定收益（利息），承担违约风险，此时企业剩余风险的承担者和剩余索取者是企业的所有者，而当企业违约不能偿付到期债务时，债权人取代企业的所有者获得企业的资产，成为新的剩余索取者。因此，企业的所有权实际上是一种依存的所有权。而债权契约实际上是一种企业或有控制权重新配置的治理机制，这种控制权的重新配置，只有当债务人不能支付时才成为现实。根据产权理论，在债务人及其出资人产权地位得到承认的前提下，债权人在企业陷入财务困境时可以成为财产的支配者。因此当债务人陷入财务困境、恶化为僵尸企业，但是仍存在营运价值的前提下，债权人可自愿选择以保存企业的营运价值的方式来实现其权利，使债权人与债务人以及债务人的投资者通过协议谈判方式或者司法途径拯救僵尸企业成为可能（胡利玲，2007）。

第 3 章

僵尸企业的认定与分布特征

僵尸企业的定义是对其本质特征的概括，认定标准则是确定僵尸企业研究范畴的核心内容，是探究僵尸企业相关问题的基础以及解决僵尸企业现实问题的第一步。本章在第 2 章文献综述的基础上，借鉴国内外有关僵尸企业定义及认定标准的部分观点，结合我国僵尸企业具体情况，总结得到本书对僵尸企业的定义、核心特征以及认定标准，运用该认定标准对 2010—2017 年上市公司中的僵尸企业进行识别，并对僵尸企业样本的年份、行业和区域分布特点加以分析。

3.1　僵尸企业的定义与特征

早在 20 世纪 90 年代初，国外学术界针对当时日本和美国存在的僵尸企业问题展开了一系列研究，Kane（1987）将 20 世纪中后期美国资不抵债、依赖政府担保的联邦存款保险继续存活、免于倒闭的储蓄与贷款机构比喻为丧失活力、濒临死亡且具有高传染性的僵尸企业，进而提出了“僵尸”的概念。随着僵尸企业问题研究的不断深入，国内外学术界对僵尸企业的认识日益全面，僵尸企业的定义亦随之完善。Hoshi（2006）将经济学中的僵尸企业表述为丧失偿还债务能力、本应该退出市场、但是依赖企业外部贷款提供者而免于倒闭的企业。Ahearne 和 Shinada（2005）对僵尸企业的定义重点强调了僵尸企业丧失效率、债务负担沉重、生产力增长率持续较低甚至为负数等特点。朱舜楠和陈琛（2016）将僵尸企业定义为丧失竞争力和盈利能力、资源占用效率极低、完全依赖政府和银行贷款“输血”、持续亏损三年以上且不符合结构性调整的企业。熊兵（2016）提出的僵尸企业定义强调了僵尸企业长期亏损、扭亏无望、丧失发展能力、市场竞争力较弱、依靠政府补贴和银行放贷生存等特点。张栋等（2016）对于僵尸企业的定义同样强调了企业恢复生气无望且受政府和放贷者的支持而免于倒闭的特征。

通过国内外学术界观点以及僵尸企业实务表现可知，僵尸企业的核心特征主要应包含三方面：一是丧失盈利能力，企业生产经营出现问题，财务状况恶化，自身盈利能力已经无法满足正常生产经营需要；二是债务负担重，资不抵债是学术界和实务界探讨僵尸企业问题时频繁出现的词汇，反映了僵尸企业沉重的债务负担，企业失去了正常偿还到期债务的能力；三是外部资金依赖性强，僵尸企业自身盈利能力极差甚至已完全丧失盈利能力，之所以未按照正常竞争的市场机制破产退出，主要是因为企业获得了政府资金补助或者银行等金融机构贷款资金支持，且外部资金输入具有黏性，政府和银行等金融机构受多种因素影响持续为僵尸企业“输血”。

由前文可知，本书的研究对象为非金融上市公司，因此在对僵尸企业特征进行总结与归纳的基础上，本书将僵尸企业定义为那些自身造血能力不足、陷入财务困境，依靠政府补助、银行等金融机构贷款等外部“输血”而维持生存、免于退出市场的企业。而国务院及部分地方政府所提出的包含"停产，不符合国家产业结构调整方向、节能环保要求，长期欠薪、欠税"等数据及信息难以获取的定义内容暂不予以考虑。

3.2　僵尸企业的认定标准

僵尸企业的认定标准是研究僵尸企业相关内容、解决僵尸企业现实问题所面临的重点和难点之一。第2章文献回顾对国内外学术界提出的部分僵尸企业认定方法进行了归纳与总结，可以看到CHK方法是学术界最受认可的识别方法，其他研究大多在该方法的基础上加以补充修正，FN－CHK修正标准将企业的盈利能力纳入识别条件中，广受国内外学者们的推崇（Fukuda和Nakamura，2011）。近几年，国内外一些学者在研究僵尸企业问题时纷纷借鉴了这两种方法，由于市场经济发展和相关制度的情况，我国僵尸企业表现出的问题更为复杂，企业收到的外部资金支持不仅仅局限于银行等金融机构，政府对于企业的补贴更是成为非常重要的"输血"渠道。因此，政府干预程度是识别我国僵尸企业时必须要考虑的因素。本书根据中国宏观金融数据以及上市公司财务数据特点，借鉴国内外学术界认可度较高的相关方法（Caballero等，2008；何帆和朱鹤，2016；黄少卿和陈彦，2017；张栋等，2016；Imai，2016），构建了一套符合我国经济形势以及上市公司特点的僵尸企业识别方法。具体识别方法包括以下几步：

（1）计算企业扣除政府补助和信贷补助后的实际净利润（ANP）

本书所使用的实际净利润（ANP）计算公式如下：

$$ANP_{i,t} = NP_{i,t} - CREDIT_{i,t} - GG_{i,t}$$

其中，$NP_{i,t}$为企业 i 第 t 年的净利润，$GG_{i,t}$为企业 i 第 t 年收到的政府补助金额，$CREDIT_{i,t}$为企业最优惠利息支出（$R^*_{i,t}$）与实际利息支出（$R_{i,t}$）的差值，即银行信贷补贴，其中，最优惠利息支出（$R^*_{i,t}$）计算公式如下：

$$R^*_{i,t} = rs_{t-1} \times BS_{i,t-1} + \left(\frac{1}{5}\sum_{j=1}^{5} rl_{t-j}\right) \times BL_{i,t-1}$$

$BS_{i,t}$和 $BL_{i,t}$分别表示企业 i 第 t 年年末的短期借款和长期借款金额（Caballero 等，2008；黄少卿和陈彦，2017）。由于贷款基准利率受到社会经济发展情况以及贷款期限的影响，同一年份的短期和长期贷款基准利率存在多个数值。为了减少该数值的计算误差，本书选取中国人民银行发布的各期最低短期和长期贷款基准利率（即六个月内的短期贷款基准利率和一年至三年的长期贷款基准利率），并在此基础上加以时间权重进行计算，得到各年份的短期最低贷款基准利率（rs_t）和长期最低贷款基准利率（rl_t），具体利率数据如表 3－1 所示。

表 3－1　　短期（长期）最低贷款基准利率　　单位：%

年份	短期贷款基准利率（rs_t）	长期贷款基准利率（rl_t）	$t-5$ 至 $t-1$ 年平均长期最低贷款基准利率 $\left(\frac{1}{5}\sum_{j=1}^{5} rl_{t-j}\right)$
2001		5.9400	
2002		5.5650	
2003		5.4900	
2004		5.5350	

续表

年份	短期贷款基准利率（rs_t）	长期贷款基准利率（rl_t）	$t-5$ 至 $t-1$ 年平均长期最低贷款基准利率 $\left(\frac{1}{5}\sum_{j=1}^{5} rl_{t-j}\right)$
2005		5.7600	
2006	5.4075	6.0413	5.6580
2007	5.9963	6.9000	5.6783
2008	6.3488	7.2788	5.9453
2009	4.8600	5.4000	6.3030
2010	4.9100	5.4417	6.2760
2011	5.8604	6.4292	6.2123
2012	5.8292	6.3792	6.2899
2013	5.6000	6.1500	6.1858
2014	5.6000	6.1313	5.9600
2015	4.9854	5.3854	6.1063
2016	4.3500	4.7500	6.0950
2017	4.3500	4.7500	5.7592

资料来源：中国人民银行网站，作者计算整理。

（2）识别僵尸企业的盈利指标

2015 年国务院会议、朱舜楠和陈琛（2016）、陈本菲（2016）以及何帆和朱鹤（2016）均将连续三年的盈利情况作为识别僵尸企业的标准之一，黄少卿和陈彦（2017）则进一步将连续三年的实际利润进行平滑提高识别的准确度，本书借鉴该方法，将扣除银行信贷补贴和政府补助后的实际净利润（*ANP*）连续三年之和（$t-2$ 至 t 年）为负作为识别僵尸企业的盈利标准，即：

$$\sum_{j=0}^{2} ANP_{i,t-j} < 0$$

（3）计算企业资产负债率与行业均值的差距

资不抵债是现阶段学术界和实务界普遍认可的僵尸企业特征之一，因此，本书选择用资产负债率来衡量企业的资产负债情况。基于中国证券监督管理委员会（以下简称“证监会”）2012 年修订的《上市公司行业分类指引》规定的行业分类标准，制造业按照二位代码分类，其他行业按照一位代码分类。在对上市公司各年资产负债率数据进行上下 0.5% 的 winsorize 缩尾处理后，用缩尾后的数据计算各行业的资产负债率平均值，尽可能减小异常值对平均值计算产生的影响。将资产负债率大于等于行业平均值作为僵尸企业的另一个识别标准。

（4）综合识别条件

同时满足上述两个认定标准的则为僵尸企业。在本书的实证过程中，*ZOMBIE* 为反映僵尸企业的虚拟变量，满足本书提出的僵尸企业识别条件的企业为僵尸企业，取值为 1，否则取值为 0。具体公式如下：

$$ZOMBIE = \begin{cases} 1, & \sum_{j=0}^{2} ANP_{i,t-j} < 0 \text{ 且} LEV_{i,t} \geqslant LEVAVG(INDUSTRY)_t \\ 0, & \text{其他} \end{cases}$$

3.3 僵尸企业的样本选取

为了更为清楚、详细地研究我国僵尸企业的分布特点，并为本书后续章节中僵尸企业僵化指数构建提供数据基础，本书选取部分年份的 A 股上市公司样本，按照本章提出的认定标准识别僵尸企业。2008 年全球金融危机爆发后，我国经济受到较为严重的冲击，为了抵御国际经济环境对我国的不利影响，我国政府采取灵活审慎的宏观经济政策，决定实行积极的财政政策和适度宽松的货币政策，并启动了四万亿元的经济刺激计划，对拉动社会投资和稳定经济发挥了重要作用，但也为我国僵尸企业的产生与蔓延埋下了隐患，一大批在市场竞争中处于被淘汰边缘的企业得以生存。因此，从2008年年底开始，僵尸企业逐渐蔓延市场，上市公司中的僵尸企业样本随之增加。

刘树成（2009）对中华人民共和国成立后我国国内生产总值增长率60年的波动曲线进行了回顾与分析，中华人民共和国成立后的三年间是国民经济迅速恢复的时间段，1953年中国开始大规模经济建设，进入了工业化历程，按照“谷—谷法”对1953年至2009年的经济周期进行划分，统计发现我国国内生产总值增长率的波动共经历了10轮完整的经济周期。1987—2017年国内生产总值及其增长率的变动情况如图3－1所示。其中，1987—1990年为第8轮经济周期，1991—1999年为第9轮周期，2000年开始进入第十轮经济周期，经济增长率连续八年上涨，2008年和2009年受国内经济调整和全球金融危机等多重因素的影响，经济增长率出现回落，至2009年完成第十轮经济周期，2010年起进入第十一轮经济周期。陈武朝（2013）在其研究中也借鉴该方法对2000—2011年进行经济周期阶段的划分。卢学法（2017）采用可比价计算的国内生产总值增长率作为实际增长率，用经过HP滤波后的我国实际国内生产总值序列来划分经济波动的周期，按照“谷—谷法”将1979—2015年划分为六轮周期，其中2000—2009年为第五轮经济周期，2010年开始进入了第六轮经济周期。

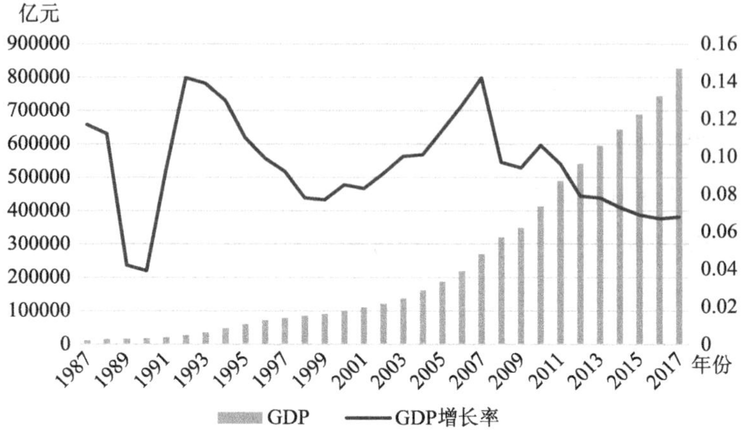

图 3－1　1987—2017 年国内生产总值及其增长率的变动情况

本书参考上述经济周期的划分结果，重点关注 2015 年前后我国产能过剩较为严重的时间段，并进行适当拓宽，将研究范围设定为 2010—2017 年，选取八年间沪、深 A 股上市公司作为研究对象。实证分析过程中，①由于金融、保险和证券类上市公司与其他上市公司在业务性质等方面的差异，因此不纳入样本范围；②剔除数据缺失的样本；③为了消除极端值影响，本书对所有连续变量进行了上下 1% 的 winsorize 缩尾处理。最终得到 21 091 个公司—年份的有效观察值，包括 2 004 个僵尸企业观测值以及 19 087 个非僵尸企业观测值。其中，僵尸企业样本识别过程中所涉及的金融机构人民币贷款基准利率来自中国人民银行网站，企业实际利息支出和政府补助金额来自 Wind 数据库，其他财务数据来自国泰安（CSMAR）数据库并加以手工整理。

3.4　僵尸企业的分布

3.4.1　僵尸企业的年份分布

在21 091个样本中，僵尸企业有2 004个样本，非僵尸企业有19 087个样本。具体样本年份分布如表3－2所示，2010—2011年，僵尸企业样本量有所减少，僵尸企业样本占总样本的比例有所降低，这可能是由于2008年年底至2009年我国政府为了应对金融危机所实施的宏观经济刺激计划在短期内发挥了稳定经济的作用，但也随之埋下隐患。2011—2016年僵尸企业样本数量逐年上升，2016年达到334个，2017年僵尸企业样本量有所下降。将僵尸企业样本与全部样本进行比较可知，2011—2015年僵尸企业样本占总样本的比例逐年增加，2015年达到了11.11%，表明金融危机后我国上市公司受到较为严重的影响，僵尸企业问题日益凸显并不断蔓延，恶化为僵尸企业的比重持续上升，引起了国家和社会公众对僵尸企业问题的关注和重视。黄少卿和陈彦（2017）在分析2000—2015年上市公司僵尸企业情况时也得到了类似的样本变化趋势。僵尸企业问题的持续发酵，引起了政府和社会各界的高度重视，2015年开始我国政府加大了对僵尸企业问题的重视程度和处理力度，国务院会议多次强调要加快推进僵尸企业的重组整合或退出市场，加快处置僵尸企业成为我国现阶段政府工作的重点内容之一。这也可能是导致2016

年和2017年僵尸企业样本占总样本比例降低，以及2017年僵尸企业样本量减少的原因。

表3－2　　僵尸企业样本年份分布情况

年份	2010	2011	2012	2013	2014	2015	2016	2017	合计
僵尸企业	186	172	197	232	271	308	334	304	2 004
非僵尸企业	1 885	2 129	2 231	2 240	2 316	2 465	2 716	3 105	19 087
观察值总数	2 071	2 301	2 428	2 472	2 587	2 773	3 050	3 409	21 091
僵尸企业占比（%）	8.98	7.48	8.11	9.39	10.48	11.11	10.95	8.92	9.54

3.4.2　僵尸企业的行业分布

表3－3按照证监会2012年修订的《上市公司行业分类指引》对僵尸企业样本量和僵尸企业个数分布前十位的行业门类进行了统计，可以看出72.90%的僵尸企业样本属于受经济危机冲击最大、产能过剩较为严重且在上市公司所占比例最高的制造业，僵尸企业样本量达到了1 461个，其次是同样受到巨大冲击的房地产业，僵尸企业样本量为98个，占所有僵尸企业样本的4.89%，排在第三位的是批发和零售业，僵尸企业样本占总僵尸企业样本的3.69%。进一步对僵尸企业样本进行剖析可知，2 004个僵尸企业样本分属于678家僵尸企业，按照僵尸企业个数进行行业统计的结果见表3－3右侧，其中，制造业的僵尸企业数量占本书研究期间内所有僵尸企业数量的69.76%，房地产业（5.31%）与电力、热力、燃气及水生产和供应业（4.13%）分列第二位、第三位。

表3－3　　僵尸企业样本行业门类分布前10位

排名	行业门类	门类代码	僵尸企业样本量	占比(%)	排名	行业门类	门类代码	僵尸企业数	占比(%)
1	制造业	C	1 461	72.90	1	制造业	C	473	69.76
2	房地产业	K	98	4.89	2	房地产业	K	36	5.31
3	批发和零售业	F	74	3.69	3	电力、热力、燃气及水生产和供应业	D	28	4.13
4	电力、热力、燃气及水生产和供应业	D	71	3.54	3	批发和零售业	F	25	3.69
5	农、林、牧、渔业	A	68	3.39	5	信息传输、软件和信息技术服务业	I	23	3.39
6	采矿业	B	49	2.45	6	农、林、牧、渔业	A	21	3.10
6	信息传输、软件和信息技术服务业	I	47	2.35	6	采矿业	B	21	3.10
8	交通运输、仓储和邮政业	G	42	2.10	8	交通运输、仓储和邮政业	G	14	2.06
9	综合	S	27	1.35	9	建筑业	E	12	1.77
10	建筑业	E	21	1.05	10	综合	S	10	1.47

表3－4对僵尸企业样本量分布前十五位的行业大类进行了统计，排名前十五位的行业大类中有十三个为制造业门类下的行业大类，其中，化学原料和化学制品制造业有225个僵尸企业样本，占总样本的11.23%，排在所有行业大类中的第一位，计算机、通信和其他电子设备制造业（8.683%）和专用设备制造业（6.04%）分列第二位和第三位。

表3－4　　僵尸企业样本行业大类分布前15位

排名	行业大类	大类代码	僵尸企业样本量	占比（%）
1	化学原料和化学制品制造业	C26	225	11.23
2	计算机、通信和其他电子设备制造业	C39	174	8.68
3	专用设备制造业	C35	121	6.04
4	房地产业	K70	98	4.89
5	有色金属冶炼和压延加工业	C32	89	4.44
6	通用设备制造业	C30	85	4.24
7	电气机械和器材制造业	C34	81	4.04
8	非金属矿物制品业	C38	79	3.94
9	医药制造业	C27	77	3.84
10	黑色金属冶炼和压延加工业	D27	71	3.54
11	电力、热力生产和供应业	C31	64	3.19
12	汽车制造业	C36	57	2.84
13	纺织业	C17	51	2.54
14	造纸和纸制品业	C29	46	2.30
15	橡胶和塑料制品业	C22	44	2.20

通过对僵尸企业样本量与企业个数的行业分布进行统计，在一定程度上说明了各行业受全球金融危机以及经济波动的影响程度，体现了各行业的特征以及对环境变化的敏感程度，僵尸企业所占比例较大的行业参与者应更加警醒，加强对僵化风险的重视程度和防范力度，企业管理层在制定战略规划与经营策略时应充分考虑行业发展特点与宏观经济环境。同时，僵尸企业样本行业分布统计数据为政府汇总统计僵尸企业行业信息、制定行业政策提供了一定参考。

3.4.3　僵尸企业的区域分布

表3－5列示了2010—2017年僵尸企业样本量和僵尸企业个数在我国各地理分区的分布情况，表格左侧为按照各地理分区僵尸企业样本量所占比重进行排序后的分布情况，华东地区以632个僵尸企业样本量位居第一位，占所有僵尸企业样本量的31.54%，排在第二位和第三位的分别是华北地区（13.47%）和华南地区（12.77%）。表格右侧是按照各地理分区僵尸企业公司个数所占比重进行排序后的分布情况，前三位分别是华东地区（35.25%）、华南地区（13.72%）和华北地区（13.13%）。从僵尸企业样本较多的地理分区可知，这些区域主要包括经济较为发达的沿海省份（城市），由于上市公司数量较多，僵尸企业的样本量和企业数量也相对较多，受到金融危机和经济环境变化的影响程度也较高。

表 3-5　我国各行政区僵尸企业样本量和企业个数分布情况

排名	地理分区	僵尸企业样本量（企业—年份）	样本量占比（%）	排名	地理分区	僵尸企业个数	个数占比（%）
1	华东地区	632	31.54	1	华东地区	239	35.25
2	华北地区	270	13.47	2	华南地区	93	13.72
3	华南地区	256	12.77	3	华北地区	89	13.13
4	西南地区	237	11.83	4	华中地区	69	10.18
5	华中地区	230	11.48	5	西北地区	66	9.73
6	西北地区	208	10.38	6	西南地区	64	9.44
7	东北地区	171	8.53	7	东北地区	58	8.55

3.5　本章小结

本章在对国内外僵尸企业文献回顾总结的基础上，进一步明确了僵尸企业丧失盈利能力、债务负担重以及外部资金依赖性强的核心特征，进而提出了本书的僵尸企业定义。然后，将国外学者提出的银行信贷补贴支持、国内学者强调的政府补助支持、实际净利润持续亏损、资产负债率高于行业平均值等反映僵尸企业特征的条件相结合，形成囊括范围全面、数据可获取、计算可操作的僵尸企业认定标准，为僵尸企业样本的识别和僵化指数的构建奠定了基础。同时，参考经济周期领域的相关文献，按照国内生产总值增长率划分的经济周期，将本书上市公司僵尸企业的研究时间段确定在 2010 年开始的新一轮经济周期，并对 2010—2017 年的上市公司僵尸企业进行识别，从年份、行业和区域角度对上市公司僵尸企业的分布情况进行了统计分析。

第4章

僵尸企业僵化指数的构建

第3章根据本书所提出的僵尸企业认定标准对上市公司僵尸企业进行了识别，得到了满足本书研究要求的僵尸企业样本，本章结合僵尸企业样本特点，从指标筛选、赋权方法介绍以及各时期僵化指数具体构建过程等方面阐述僵尸企业僵化指数的构建情况，将企业财务经营状况、公司治理水平、外部资金支持程度以及宏观经济环境变化情况相结合，分时段构建僵尸企业的僵化指数模型，为后文僵尸企业分类标准的提出奠定基础。

4.1　僵尸企业僵化指数构建的基本思路

指数是统计指数的简称，广义的指数是指由任何两个指标值相比所形成的相对数；而狭义的指数是一种在不同状况下多指标综合变动形成的特殊相对数。经济学领域的指数通常是反映社会经济现象动态的相对数，通过指数可以对无法直接对比的社会经济现象总动态进行测定，探究社会经济现象变动中各类因素变动的情况及影响程度差异，对总指标中各单独指标水平和指标结构变化进行研究。

统计指数主要有综合性、相对性和平均性三个特点，具体而言，统计指数是由一组变量在不同情况下综合对比形成的相对数，是总体水平的代表性指数，是对时间和空间方面变动方向和变动程度的综合反映。由三个或三个以上存在一定数量对等关系的统计指数构成的有机整体被称为指数体系，世界著名的指数体系包括联合国人类发展指数、世界卫生组织健康指数、盖洛普健康指数、消费物价指数等，这些指数在衡量地区经济发展水平、社会健康状况等方面起着重要作用。

20 世纪 80 年代以来，随着统计方法的逐步发展与完善，我国涌现出一批运用多元指标进行综合分析评价的指数体系，包括评价社会经济发展状况的信息化发展指数、幸福指数、中国民生发展指数、综合发展指数等，还包括一些企业发展评价指数。我国关于企业财务研究方面最具影响力的指数有中国公司治理指数、G 指标、中国上市公司内部控制指数等。南开大学公司治理研究中心于 2003 年构建并推出了中国公司治理指数（$CCGI^{NK}$），是中国第一个公司治理评价系统，该体系基于国际公认的公司治理原则和准则，结合中国社会经济发展状况和上市公司面临的治理环境，充分考虑了《中国上市公司治理准则》和相关法律法规，涉及股东权益、董事会、监事会、经理层、信息披露和利益相关者六个维度，利用专家评分、层次分析法确定各层指标的权重，对上市公司治理情况进行综合评价（南开大学公司治理研究中心公司治理评价课题组，2004；李维安和唐跃军，2006；南开大学公司治理评价课题组等，2008）。白重恩等（2005）基于公司治理的内部机制、外部机制以及中国特色的治理机制三方面，选择 CEO 与董事会主席（副主席）是否兼任、外部董事比例、五大高管人员持股数量、第一大股东持股数量、第二至第十大股东持股数量的集中度、企业是否有母公司、是否在其他市场挂牌上市、是否国有控股这八个治理变量，运用主成分分析方法，将得到的第一大主成分组作为反映公司治理水平的综合 G 指标。中国上市公司内部控制指数研究课题组（2011）以企业内部控制基本框架体系为制度基础，充分分析我国上市公司内部控制体系的实施现状，通过考察包括内部控制战略、经营、报告、合规和资产安全在内的五大目标完成情况和实现程度，建立了两层内部控制基本指数，第一层是五大目标指数，具体包括战略指数变量、经营指数变量、报告指数变量、合规指数变量和资产安全指数变量，第二层为各目标的分类变量，将各指数变量进行无量纲化处理，采用算术平均法为各变量赋予权重，根据得到的权重构建内部控制指数模型，并且将内部控制的重大缺陷作为内部控制基本指数的修正指标。

参考上述指数构建的方法及思路，本书构建的僵尸企业僵化指数旨在对识别出的僵尸企业整体财务信息、经营状况、公司治理和外部资金依赖情况进行动态反映和综合评价，构建过程主要包括指标选取、指标赋权以及僵化指数编制三部分。对于符合本书僵尸企业认定标准的僵尸企业样本，参考相关文献及理论知识选取具有重要意义和适用性、能够综合反映企业财务状况、公司治理和外部资金依赖度的相关指标，围绕指数构建的核心目标选择适合的数据统计分析技术方法，对相关信息进行加工处理，为不同指标赋予相应的权重，并在此基础上对多项指标进行汇总研究，最终得到衡量某时段僵尸企业僵化程度的指数，科学全面地反映和监测僵尸企业的财务状况、公司治理水平和外部资金依赖程度，为后续僵尸企业的分类处置研究打下基础。

为了降低会计实务中存在的不确定因素对指数构建可能产生的影响，本书对于僵化指数研究与构建所涉及的会计报表数据和相关财务信息作出以下基本假设：

（1）会计信息质量符合会计准则要求

针对上市公司僵尸企业构建的僵化指数是基于企业财务指标和公司治理等数据展开的，相关财务信息及企业数据均来自上市公司财务报表中所披露的会计信息，上市公司财务报表信息是构建僵化指数的基础，相关财务会计信息的质量直接影响到僵化指数的构建。根据我国《企业会计准则》的要求，企业应向财务会计报告使用者提供与企业财务状况、经营成果和现金流量等有关的会计信息，反映企业管理层受托责任履行情况是企业财务报告的主要目标，为财务会计报告使用者制定经济决策提供帮助。财务报告中披露的会计信息应符合可靠性、相关性、可理解性、可比性、实质重于形式、重要性、谨慎性和及时性等特征，进而满足会计信息使用者的需求。基于此，本书指数的构建假定上市公司公开披露的会计信息真实可靠，符合会计准则要求，不存在虚假披露。

（2）不同时期各上市公司财务指标可比

随着我国社会主义市场经济的发展以及经济全球化程度的提高，我国证券市场日趋成熟，企业会计制度与会计准则不断完善并逐步与国际会计准则趋同。1992 年我国发布了《企业会计准则》，随后陆续完成了多次准则的修订并制定发布了多项具体会计准则，加强并改善了我国企业的会计信息质量和财务数据披露程度。2006 年 2 月，财政部发布了与国际财务报告准则充分趋同的新会计准则体系，包括 1 项基本准则和 38 项具体准则，自 2007 年 1 月 1 日开始实施，是我国会计核算制度的一项重大改革。近些年，为了进一步完善企业会计准则体系，提高企业财务报表质量和会计信息透明度，与国际财务报告准则保持趋同，财政部陆续展开了对会计准则的修订和增补工作。会计准则的修订不可避免地会对上市公司会计处理与会计信息产生影响，使不同时期企业的会计信息产生不同程度的差异。除此之外，我国推行的企业会计准则是与国际财务报告准则趋同的原则导向型准则，更加注重经济事项的实质，面对具体的会计处理时会计人员需要进行会计职业判断，存在一定的自主选择空间，例如，企业会计政策、折旧计提方法、应收账款坏账计提方法、存货发出计价方法等均需要企业根据自身情况进行选择，因此会造成不同企业之间会计信息的差异。考虑到上述可能造成不同时期、不同企业会计信息存在差异的因素，本书在构建僵尸企业僵化指数的过程中暂不考虑这些差异，假定不同时期、不同企业的会计信息内涵一致。

4.2　僵化指数的指标筛选

为了构建合适的指数评价体系，首先要围绕研究目的和研究主体选择适合的指标。指标分为定性指标和定量指标两大类，定性指标是指对评价对象进行客观描述和分析而不是直接通过数据计算分析评价内容的指标，这类指标缺乏明确和可衡量的评价标准，一般取决于评价者对研究问题的理解程度，受主观判断影响严重，对于僵尸企业来说，通过前文关于僵尸企业定义及识别方法的文献回顾可以看出，国务院以及各省市所提出的部分指标均为定性指标，例如，与国家产业结构调整方向的符合度、造成环境污染和社会资源浪费等负面影响的程度，这些指标缺少明确的量化衡量方式，在很大程度上是相关政府部门的主观判断，对于本书僵尸企业僵化指数的构建而言，缺乏可操作性与可行性；定量指标则是指可以用数量定义、从数据特征出发、能够准确衡量的考核指标，对于企业评价而言，主要指的是利用企业公开披露的财务数据和公司治理信息所形成的各类指标，更加符合本书僵化指数的构建要求。

本书构建的僵尸企业僵化指数由三部分指标构成，第一部分为企业的五大类基础财务指标，即盈利能力、偿债能力、发展能力、营运能力和现金流指标，该类指标从不同角度综合衡量了企业的财务状况和经营情况。本书借鉴财务困境及财务预警等领域的相关文献，收集并选取能够综合反映企业财务经营状况且文献中使用频数较高的五大类基础财务指标，作为僵尸企业僵化指数的基础财务指标。

公司治理作为一种规范所有者、董事会和管理层的制度安排，强调各相关利益主体之间的监督与制衡，影响着企业的经营管理和战略发展方向，僵尸企业造血能力的丧失在很大程度上是由于其内部公司治理弱化导致的财务系统混乱，因此公司治理指标成为僵化指数构建的第二部分指标。本书选用股权结构、董事会独立性以及高管薪酬的代理指标，通过实证方法分析公司治理因素与僵尸企业的相互关系，最终将具有显著相关关系的指标引入僵化指数中。

同时，根据僵尸企业的定义和特征可知，严重依赖政府、银行等金融机构的资金支持是僵尸企业的核心特征之一，因此本书以僵尸企业核心特征分析为基础，在僵化指数中引入反映企业获得信贷支持程度的借款现金总资产比和衡量政府财政支持程度的政府补助净利润比，更加全面地对僵尸企业的僵化程度进行衡量，提高僵化指数的科学性与全面性。

4.2.1　指标评价方法的回顾与分析

（1）财务评价研究指标体系

1928 年，Wall 提出了信用能力指数的概念和用线性关系将财务比率相结合的沃尔评分法，选择流动比率、产权比率、固定资产比率、存货周转率、应收账款周转率、固定资产周转率和自由资金周转率这七个财务比率，计算确定各指标的权重和相对比率，最后得到总评分，从而对企业的信用水平和财务状况进行评价。但该方法并未充分说明财务比率选取和指标权重确定的原因和方法，因此存在较大的局限性。

20 世纪 20 年代，美国杜邦公司以净资产收益率为核心和出发点，提出了综合分析企业财务状况和股东权益回报水平的杜邦分析法。该方法通过主要财务比率指标之间的内在联系，将净资产收益率逐层分解为利润率、资产周转率和权益乘数的乘积（张军和晓芳，2010；朱宏泉等，2011）。

2002 年，我国财政部、国家经济贸易委员会、中共中央企业工作委员会、劳动和社会保障部以及国家计划委员会印发了《企业效绩评价操作细则（修订）》，提出了包含基本指标、修正指标和评议指标三个层次的企业绩效评价指标。其中，基本指标为企业绩效评价的核心指标，主要包括衡量企业财务状况和经济效益的净资产收益率和总资产报酬率、反映资产营运状况的总资产周转率和流动资产周转率、衡量债务偿还情况的资产负债率和已获利息倍数以及反映发展能力的销售（营业）增长率和资本积累率。修正指标是对基本指标初步评价结果的进一步修正，包含资本保值增值率、主营业务利润率、成本费用利润率、盈余现金保障倍数、应收账款周转率、存货周转率、不良资产比率、现金流动负债比率、速动比率、三年资本平均增长率、三年销售平均增长率和技术投入比率。而评议指标则是对基本指标和修正指标评价结果的定性分析验证，由八项非计量指标构成。

（2）财务预警研究指标体系

在财务预警，特别是财务困境预警领域，存在大量通过各类财务指标建立预警模型对企业进行评价的文献。1932 年，Fitz Patrick（1932）用单个财务比率将样本划分为破产与非破产两组，并对 20 对样本企业进行财务危机的分析，开创了基于财务危机预警的实证研究先河，研究结果发现净利润与股东权益比以及股东权益与负债比的判别能力最强。Beaver（1966）是最早运用单变量判别模型预测企业财务困境的学者，他根据 Moody 工业手册选择了 1954 年至 1964 年的 79 家失败企业，并依据行业和资产规模匹配相同数量的非失败企业，财务比率的选取标准包括：文献普遍使用度、在以往研究中发挥的效果以及反映企业现金流水平，满足三者之一即可入选，最终确定了满足条件的 30 个财务指标，通过两分法检验，研究结果发现债务保障率即现金流量与债务总额比在分析企业财务状况、判定失败企业与非失败企业时的误判率最低，其次是净收益与总资产比、资产负债率和资产安全率（资产变现率减去资产负债率）。

由于单变量判别分析方法仅依靠单个变量进行判断，对财务指标的分析具有较大的局限性，难以充分反映企业的财务特征。在此基础上，Altman（1968）采用多元判别分析对 1946—1965 年提交破产申请的 33 家制造业破产企业以及 33 家按照行业和规模分层随机得到的配对制造业非破产企业进行比较研究，从反映流动性、盈利性、杠杆水平、偿付能力和营运性的五类财务比率类别中，基于以往文献普遍使用度和与文章相关度，最终选择了营运资本与资产总额比、留存收益与资产总额比、息税前利润与资产总额比、股东权益的市场价值与负债账面价值比以及销售收入与资产总额比这五个财务比率构建了 Z - score 模型，从资产规模、变现能力、盈利能力、财务结构、偿债能力以及营运能力等方面综合反映企业的财务状况并对破产企业进行预测，Z - score 模型判别函数为：

$$Z = 0.012X_1 + 0.014X_2 + 0.033X_3 + 0.006X_4 + 0.999X_5$$

其中，X_1 = 营运资本/资产总额；

X_2 = 留存收益/资产总额；

X_3 = 息税前利润/资产总额；

X_4 = 股东权益市场价值/负债总额账面价值；

X_5 = 销售收入/资产总额；

Z = 判别函数值。

Altman 通过对数据的分析发现，Z 得分大于 2.99 的企业均属于非破产企业，Z 得分小于 1.81 的企业均为破产企业，而 Z 得分介于 1.81—2.99 的企业则属于灰色区域；进一步分析发现，2.675 是区分破产企业与非破产企业的 Z 得分临界值，如果企业的 Z 得分大于 2.675，表明企业具有良好的财务表现，破产的可能性相对较小；如果 Z 得分小于 2.675，则说明企业的财务情况存在一定问题，破产的概率相对较大。

随着破产企业的财务格局和资产规模以及财务报告准则等方面发生的较大变化，原有的 Z - score 模型适用的行业范围和数据特点均需要作出改变，因此 Altman 等（1977）对 Z－score 模型进行了修正，针对 1969—1975 年制造业和零售业的 53 家破产企业以及 58 家配对的非破产企业进行分析，提出了更加全面的 Zeta 模型，该模型包含七个变量，分别是息税前利润与资产总额比、收入稳定性、利息保障倍数、留存收益与资产总额比、流动比率、普通股权益与资产总额比和资产规模，比 Z－score 模型有更高的预测准确率并更贴近当时的经济情况。

与以往研究破产预警的文献不同，Ohlson（1980）一方面考虑到数据时间问题，选择从企业的 10－K 财务报告中提取相关财务数据，另一方面为了克服判别模型联合正态分布要求这一局限性，最终使用有条件的逻辑分析和概率方法对 1970—1976 年 105 家破产企业和 2 058 家非破产企业进行预测分析，实证发现企业规模、财务结构、业绩水平和流动能力是影响企业破产概率最为显著的四个变量。

周首华等（1996）在 Altman Z－score 模型的基础上加入现金流量指标，运用多元判别分析方法构建了 F 分数模式：

$$F = -0.1774 + 1.1091 X_1 + 0.1074 X_2 + 1.9271 X_3 + 0.0302 X_4 + 0.4961 X_5$$

其中，X_1 =（期末流动资产－期末流动负债）/期末总资产；

X_2 = 期末留存收益/期末总资产；

X_3 =（税后纯益＋折旧）/平均总负债；

X_4 = 期末股东权益的市场价值/期末总负债；

X_5 =（税后纯益＋利息＋折旧）/平均总资产。

F 分数模式方程以 0.0274 为临界点，如果企业的 F 分数小于 0.0274，则被预测为破产企业；如果 F 分数大于 0.0274，则被预测为可以继续生存的企业。

陈静（1999）参考 Beaver 和 Altman 所使用的判别分析方法，将我国 1998 年沪深两市的 27 家 ST 公司以及同行业、同规模的 27 家配对公司作为研究样本，选择了相对容易获取财务数据并能在一定程度上反映企业盈利能力、流动性以及财务杠杆的资产负债率、净资产收益率、总资产收益率和流动比率作为单变量分析的财务比率，并在此基础上加入净营运资金与总资产比和总资产周转率作为多元判别分析的财务比率，对两种方法进行了比较分析。

从上述财务预警领域的代表文献可以看出，学者们对于相关财务指标的选择存在一定的重复性，主要从盈利能力、偿债能力、营运能力、发展能力和现金流水平五方面对企业的财务状况进行综合评价，并且随着世界经济环境、上市公司财务情况和财务报告准则的发展和变化不断扩充、修正和完善。

4.2.2　指标筛选依据及原则

公司评价指标是指企业总结和评价财务状况和经营成果、反映生产经营情况的相对经济指标，是进行企业财务经营管理分析的重要工具。目前，在财务分析评价中常用的财务指标类别不仅包括基本的盈利能力、偿债能力、营运能力和发展能力四大类指标，还包括反映企业现金流水平和现金获取与使用能力的指标以及反映公司治理水平的相关指标。同时，考虑到本书研究对象僵尸企业的特殊性，僵化指数中还应包含衡量僵尸企业对外部资金依赖程度的指标。由于上市公司财务报表数据复杂，涉及的指标数量众多，因此利用指标数据构建僵尸企业僵化指数时应先制定指标选取的基本原则，在符合原则的基础上进一步进行指标的筛选，本书制定的指标选取基本原则包括以下几点：

（1）全面性

僵化指数是对僵尸企业财务状况、公司治理情况和外部资金依赖程度的综合衡量和评级，应全面系统地对僵尸企业各方面的经营管理水平进行分析，因此指标的选取应具有高度的概括能力和代表性，能反映僵尸企业整体最本质、最重要的特征，覆盖财务体系和公司治理的多个方面。企业财务活动和经营管理是相互影响、相互联系的，选取指标的侧重点有所不同，应充分结合、相辅相成。

（2）科学性

科学性要求指数构建所选取的具体评价指标应有明确的意义、表达的含义清晰明了、具有代表性与逻辑性，评价指标与指数构建方法相互对应，评价过程科学合理。

（3）可获取性

上市公司信息包括公开对外披露的和仅企业内部使用的各类信息和数据，指数构建所需要使用的指标应能够公开获取、顺利收集与使用，有较强的应用性与可操作性，确保指数的公正实用性，因此本书僵化指数的数据均来自上市公司的财务报表和公开披露的公司治理信息，全部使用可获取的定量指标进行研究。

（4）可比性

僵化指数在一定程度上反映了僵尸企业长期、动态的财务数据和经营管理变化情况，无论是横向还是纵向，在指标的计算范围、口径和方法等方面均要有较强的一致性和可比性，各项指标数据的来源应保持一致，所涉及的数据均选择同一个数据库，并且尽量选择较为成熟、受学术界普遍认可的相对指标和比率指标，以增加样本间的可比性。

4.2.3 基础财务指标分析

（1）基础财务指标筛选

企业财务因素主要是以企业的财务报表和会计信息为基础，运用相关财务比率对企业恶化为僵尸企业的可能性进行分析。在财务困境研究领域，Beaver（1966）研究发现了财务指标在预测公司财务困境时起到的作用，Altman（1968）将财务指标带入多元判别分析模型，建立了识别财务困境企业的判别函数。Ohlson（1980）发现企业规模、财务结构、业绩和流动性均与企业失败的可能性相关。许多国外和国内的学者纷纷采用企业财务指标构建起预测企业财务困境的模型（杨淑娥和徐伟刚，2003；吕长江和赵岩，2004；杨淑娥和王乐平，2007；谢赤等，2014；田宝新和王建琼，2017；迟国泰等，2020；高太光和王有建，2024）。在僵尸企业研究领域探究企业内部影响因素的研究相对较少，部分文献认为企业负债水平高、偿债能力弱（朱舜楠和陈琛，2016），质量能力低下、技术创新能力不足、企业家精神匮乏（程虹和胡德状，2016），自身经营管理存在缺陷、转型升级陷入困局以及管理层决策失误等因素是僵尸企业形成的主要内因（杨宇焰，2016）。综上所述，盈利能力、偿债能力、营运能力、发展能力和现金流水平是衡量企业财务状况和经营水平的基础，反映五类能力的相关财务指标是研究企业财务问题的重要环节，因此本书针对僵尸企业构建的僵化指数应囊括捕捉企业五大类能力的相关财务指标，将其作为僵化指数的基础指标。

在财务困境和财务预警研究领域中，国内外学者衡量企业财务状况所选择的财务指标存在一定的相同点以及时代差异，为了更全面可靠地选取适合的基础财务指标，本书借鉴了2003—2018年财务困境领域涉及财务指标研究的部分文献，对文献中涉及的财务指标进行归纳统计，从盈利能力、偿债能力、营运能力、发展能力和现金流水平五大类财务指标中分别选取统计频数最高、适用性最强的指标纳入研究范围。具体而言，本书有针对性地选取了2003年至2018年6月中国知网收录的主题包含“财务困境”或“财务预警”并且主题包含“指标”的中文期刊，将时间段划分为2003—2007年、2008—2012年、2013—2017年以及2018年1—6月，对各时间范围内的期刊按照被引量进行排序，分别选取被引量排名前10篇和前5篇的文献，其中剔除研究内容涉及银行、保险、高校等与本书研究对象行业差异度较大的文章，排除文献综述类、不涉及财务指标以及财务指标阐述不明确的文章。在此基础上对各时间段所筛选文章最终使用的财务指标进行统计，详细统计结果见附录。通过对相关文献内容的核对与筛选，得到满足上述条件的35篇文献，将各文献研究中经统计筛选后最终纳入研究范围的财务指标进行统计分析（杨淑娥和徐伟刚，2003；吕长江和赵岩，2004；张鸣和程涛，2005；杨淑娥和王乐平，2007；杨淑娥和黄礼，2005；王克敏和姬美光，2006；刘红霞和张心林，2004；吴德胜等，2004；李晓峰和徐玖平，2004；张玲等，2005；孔宁宁和魏韶巍，2010；聂丽洁等，2011；洪燕平，2010；董雪雁，2008；李红琨等，2011；宋鹏和张信东，2009；李兴尧和钱琴，2011；吴应宇等，2008；韩立岩和李蕾，2010；刘磊和郭岩，2012；卢永艳，2013；杜俊娟，2013；鲍新中和杨宜，2013；俞晓东，2015；解秀玉和管西三，2013；宋彪等，2015；黄晓波和高晓莹，2015；程言美和程杰，2013；李莉，2014；曹彤和郭亚军，2014；阿小燕和赵娟，2018；徐欣，2018；吴虹雁等，2018；高金河，2018；操玮等，2018)，选取所有财务指标中出现频数大于5的财务指标，具体统计结果如表4－1所示。

表4－1　　财务指标文献使用频数统计

指标类别	指标名称	2003—2007年	2008—2012年	2013—2017年	2008年1—6月	总数
盈利能力	净资产收益率	3	6	7	5	21
	总资产报酬率	5	5	5	3	18
	总资产净利润率	3	5	2	2	12
	营业净利率	1	2	5	3	11
	每股收益	1	1	4	2	8
	营业利润率		2	3	1	6
	留存收益占总资产比	3	2			5
	息税前收入占总资产比	2	1	2		5
	主营业务利润率	1	3	1		5
偿债能力	流动比率	4	7	9	4	24
	资产负债率	5	6	9	3	23
	速动比率	3	5	9	4	21
	现金比率	2	3	3		8
	产权比率D/E	2	2		2	6
	利息保障倍数	1	3		1	5
营运能力	总资产周转率	4	7	7	5	23
	存货周转率	5	5	7	5	22
	应收账款周转率	5	5	7	5	22
	固定资产周转率		1	2	3	6
	流动资产周转率		1	3	1	5

续表

指标类别	指标名称	2003—2007 年	2008—2012 年	2013—2017 年	2008 年 1—6 月	总数
发展能力	净利润增长率	2	2	6	4	14
	总资产增长率	1	2	5	4	12
	所有者权益增长率		3	4	3	10
	主营业务收入增长率	3	3	1	1	8
现金流水平	现金流动负债比率	2	6	3		11
	现金总负债比率	2	5	1	2	10
	总资产现金回收率		1	2	3	6
	每股经营性现金净流量	1	2	2		5

本书在表 4 -1 的基础上进一步对基础财务指标进行筛选，选择各类别中使用频数排名前四位的财务指标作为僵尸企业僵化指数构建的基本财务指标，分别包括反映盈利能力的总资产报酬率、总资产净利率、净资产收益率和营业净利率，反映偿债能力的资产负债率、流动比率、速动比率和现金比率，反映营运能力的总资产周转率、存货周转率、应收账款周转率和固定资产周转率，反映发展能力的总资产增长率、净资产增长率、净利润增长率和主营业务收入增长率，反映现金流水平的全部资产现金回收率、现金总负债比率、现金流动负债比率和每股经营性现金净流量。各财务指标的定义及公式如表 4 -2 所示。

①盈利能力。企业的盈利情况是衡量自身造血能力的重要信息，通过文献统计筛选出的盈利能力财务指标包括总资产报酬率（*ROA*）、总资产净利率（*NPTA*）、净资产收益率（*ROE*）和营业净利率（*NPM*）。总资产报酬率（*ROA*）反映了企业在一定时期内包括净资产和负债在内的全部资产的总体获利能力，该指标越高，

表4-2　　基础财务指标定义

指标类别	变量	英文缩写	计算公式
盈利能力	总资产报酬率	*ROA*	（利润总额+财务费用）÷平均资产总额 其中，平均资产总额=（总资产期初余额+总资产期末余额）÷2
	总资产净利率	*NPTA*	净利润÷平均资产总额
	净资产收益率	*ROE*	净利润÷平均净资产余额 其中，平均净资产=（净资产期初余额+净资产期末余额）÷2
	营业净利率	*NPM*	净利润÷营业收入
偿债能力	资产负债率	*LEV*	负债总额÷资产总额
	流动比率	*CURRENT*	流动资产÷流动负债
	速动比率	*QUICK*	（流动资产-存货）÷流动负债
	现金比率	*CASH*	现金及现金等价物期末余额÷流动负债
营运能力	总资产周转率	*TATN*	营业收入÷平均资产总额
	存货周转率	*IVTN*	营业成本÷存货平均占用额 其中，存货平均占用额=（存货期初余额+存货期末余额）÷2
	应收账款周转率	*RCTN*	营业收入÷应收账款平均占用额 其中，应收账款平均占用额=（应收账款期初余额+应收账款期末余额）÷2
	固定资产周转率	*NCATN*	营业收入÷固定资产平均净额 其中，固定资产平均净额=（固定资产期初余额+固定资产期末余额）÷2

续表

指标类别	变量	英文缩写	计算公式
发展能力	总资产增长率	*TAGROW*	（资产总计本期期末值－资产总计本期期初值）÷资产总计本期期初值
	净资产增长率	*EGROW*	（净资产本期期末值－净资产本期期初值）÷净资产本期期初值
	净利润增长率	*NPGROW*	（净利润本期期末值－净利润上期期末值）÷净利润上期期末值
	主营业务收入增长率	*RGROW*	（主营业务收入本期期末值－主营业务收入上期期末值）÷主营业务收入上期期末值
现金流水平	全部资产现金回收率	*OCFTA*	经营活动产生的现金净流量÷资产总额
	现金总负债比率	*OCFTL*	经营活动产生的现金净流量÷负债总额
	现金流动负债比率	*OCFCL*	经营活动产生的现金净流量÷流动负债
	每股经营性现金净流量	*OCFPER*	经营活动产生的现金净流量÷实收资本本期期末值

说明企业投入产出的水平越好，企业资产运营效率越高，资产的盈利能力越强。总资产净利率（*NPTA*）反映了企业运用全部资产获取利润的能力，即公司每占用1元的资产平均能获得多少元的利润，该指标能够体现企业管理水平的高低，总资产净利率越高，表明公司投入产出水平越高，资产利用越有效率。净资产收益率（*ROE*）又称股东权益报酬率，反映了股东权益的收益水平，即企业自有资本获取净收益的能力，该指标值越高，说明投资的收益越高，企业的运营效益越好。该指标通用性强，不受行业的局限，因

此是衡量企业盈利能力最常用、最重要的指标。营业净利率（*NPM*）是企业净利润与营业收入的比率，反映了企业营业收入创造净利润的能力，是企业销售的最终获利能力指标，该比率越高，说明企业的获利能力越强。

②偿债能力。企业的偿债能力反映了企业通过资产偿还短期债务和长期债务的能力。负债水平高、偿债能力低下是僵尸企业的重要特征，因此构建僵尸企业的僵化指数需要重点关注企业的偿债能力，从短期和长期的角度进行评价，主要包括资产负债率（*LEV*）、流动比率（*CURRENT*）、速动比率（*QUICK*）和现金比率（*CASH*）。资产负债率（*LEV*）反映了企业总资产中由负债筹集的部分所占比重大小、企业举债经营的能力以及债权人向企业提供信贷资金的风险程度，是反映企业负债水平的综合指标，也是识别和判断僵尸企业的重要指标之一。流动比率（*CURRENT*）衡量企业流动资产在短期债务到期前可以变现用以偿还债务的能力，是反映企业短期偿债能力的重要指标之一，比率越高，表明企业资产的流动性越好、变现能力以及短期偿债能力越强，但比率如果过高，则表明资本没有得到充分利用。速动比率（*QUICK*）同样是衡量企业短期偿债能力的指标，该指标将存货从流动资产中扣除，更加直观地反映了短期偿债能力，是对流动比率的补充。现金比率（*CASH*）反映了企业通过现金及变现方式直接偿付流动负债的能力，较高的现金比率说明企业具有较强的短期债务偿还能力。

③营运能力。营运能力是指企业的经营运行能力，反映了企业营运资产的效率与效益，本书指数构建选择的营运能力财务指标为总资产周转率（*TATN*）、存货周转率（*IVTN*）、应收账款周转率

（*RCTN*）和固定资产周转率（*NCATN*）。总资产周转率（*TATN*）反映了企业全部资产的营运能力，是衡量企业整体资产经营质量和利用效率的重要指标，总资产周转率越大，说明总资产周转速度越快，营运能力越强。存货周转率（*IVTN*）是反映企业生产经营各环节中存货运营效率和管理状况的指标，存货周转率越高、周转速度越快，表明企业的存货占用水平较低，流动性较强，转换为现金或应收账款的速度较快。应收账款周转率（*RCTN*）反映了应收账款的周转速度以及管理效率，周转率越高，平均收账期越短，应收账款回收越快，从而可以降低或避免坏账损失发生的可能性，有利于提高企业资产的流动性以及企业管理工作的效率。固定资产周转率（*NCATN*）则是衡量企业固定资产利用效率的财务指标，通过前文僵尸企业样本行业分布统计情况可以看出，僵尸企业主要集中于制造业，房地产业以及电力、热力、燃气及水生产和供应业等行业，对厂房、设备等固定资产的依赖性较强，因此通过固定资产周转率可以在一定程度上衡量僵尸企业固定资产的利用效率和经营管理水平。

④发展能力。发展能力又称成长能力，是企业通过自身生产经营活动，不断扩大规模的能力及未来发展潜力。本书选择的发展能力指标包括总资产增长率（*TAGROW*）、净资产增长率（*EGROW*）、净利润增长率（*NPGROW*）和主营业务收入增长率（*RGROW*）。总资产增长率（*TAGROW*）反映的是企业当期总资产规模的增长情况，增长率越高，说明企业一定时期内资产经营规模扩张的速度越快，未来发展能力越好。净资产增长率（*EGROW*）是衡量企业扩张规模和成长情况的另一个重要指标，净资产增长越快，说明债权人的债务越有保障。净利润增长率（*NPGROW*）能够反映企业盈

利水平、经营业绩的变化趋势和程度，是衡量企业未来收益创造能力和潜力的财务指标。主营业务收入增长率（*RGROW*）反映了企业一定时期内主营业务收入的增减变动情况，指标越高，表明主营业务收入增长速度越快。

⑤现金流水平。资产负债表和利润表是在权责发生制原则的基础上编制的，在衡量企业真正价值和经营情况时存在一定的局限性，现金流量表的编制基础是收付实现制，可以反映企业真实的现金流转情况，是对资产负债表和利润表财务信息的有效补充，因此本书在文献统计的基础上选择全部资产现金回收率（*OCFTA*）、现金总负债比率（*OCFTL*）、现金流动负债比率（*OCFCL*）和每股经营性现金净流量（*OCFPER*）来衡量企业的现金流量状况。全部资产现金回收率（*OCFTA*）是评价企业全部资产产生现金能力的指标，指标值越大，说明资产利用效果越好，利用资产创造的现金流入越多，整个企业获取现金能力越强，经营管理水平越高。现金总负债比率（*OCFTL*）反映的是企业经营活动产生的现金净额偿还全部债务的能力，该指标越大，说明经营活动产生的现金流对负债清偿的保证越强，企业偿还全部债务的能力越好。现金流动负债比率（*OCFCL*）从现金流量角度反映企业偿付短期负债的能力，该指标越大，表明企业经营活动产生的现金净流量对于偿还短期债务的保障能力越好。每股经营性现金净流量（*OCFPER*）衡量企业平均每股所获得的经营性现金净流量，反映企业支付股利和资本支出的能力。

（2）基础财务指标数据分析

在第3章识别的僵尸企业和非僵尸企业样本基础上，将研究样本与筛选后的五类基础财务指标相结合，剔除财务指标数据缺失的样本，最终得到18 995个样本，其中包括1 975个僵尸企业样本和17 020个非僵尸企业样本。表4－3列示了僵尸企业与非僵尸企业五类基础财务指标的均值及均值差异。从表4－3中可知，反映盈利能力的四个财务指标均值在僵尸企业与非僵尸企业间存在显著差异，僵尸企业的盈利能力指标均值都为负数，显著低于非僵尸企业；僵尸企业资产负债率均值达到了0.786，显著高于非僵尸企业（均值为0.420），僵尸企业其他三个偿债能力指标均值均显著低于非僵尸企业；营运能力指标中仅总资产周转率均值在两组样本中的均值差异显著，僵尸企业的应收账款周转率和固定资产周转率均值低于非僵尸企业，但均值差异并不显著；僵尸企业的发展能力指标均值低于非僵尸企业，其中，总资产增长率和净资产增长率均值在两组中差异显著；僵尸企业的四个现金流指标的均值均显著低于非僵尸企业。综上可知，相比于非僵尸企业，僵尸企业整体财务状况和经营水平更差，五类财务能力指标在一定程度上反映了僵尸企业造血能力弱、债务负担重、资产使用效率低、发展潜力和资产获现能力差的特点，较为全面地考察了僵尸企业的综合财务情况，作为基础财务指标加入僵化指数中能够提高僵化指数的全面性和科学性。

表4－3　　僵尸企业与非僵尸企业财务指标均值对比

指标类别	变量	非僵尸企业		僵尸企业		均值差异
		样本量	均值	样本量	均值	
盈利能力	*ROA*	17 020	0.057	1 975	－0.019	0.075***
	NPTA	17 020	0.050	1 975	－0.040	0.090***
	ROE	17 020	0.083	1 975	－0.162	0.245***
	NPM	17 020	0.099	1 975	－1.535	1.634***

续表

指标类别	变量	非僵尸企业		僵尸企业		均值差异
		样本量	均值	样本量	均值	
偿债能力	*LEV*	17 020	0.420	1 975	0.786	-0.366***
	CURRENT	17 020	2.732	1 975	0.982	1.750***
	QUICK	17 020	2.171	1 975	0.655	1.516***
	CASH	17 020	1.078	1 975	0.207	0.870***
营运能力	*TATN*	17 020	0.676	1 975	0.602	0.073***
	IVTN	17 020	108.667	1 975	268.253	-159.585
	RCTN	17 020	3 491.786	1 975	55.273	3 436.513
	NCATN	17 020	13.018	1 975	10.197	2.822
发展能力	*TAGROW*	17 020	0.229	1 975	0.041	0.188***
	EGROW	17 020	0.275	1 975	-0.154	0.429***
	NPGROW	17 020	2.660	1 975	-6.988	9.648
	RGROW	17 020	9.512	1 975	0.284	9.228
现金流水平	*OCFTA*	17 020	0.041	1 975	0.008	0.033***
	OCFTL	17 020	0.169	1 975	0.016	0.153***
	OCFCL	17 020	0.212	1 975	0.022	0.190***
	OCFPER	17 020	0.365	1 975	0.169	0.196***

注：*、**、*** 分别表示在10%、5%和1%的水平下显著。

4.2.4　公司治理指标分析

（1）理论分析与研究假说

①股权集中度与僵尸企业。随着股份公司的产生与发展，20世纪30年代，Berle和Means（1932）提出了企业所有权和控制权分离这一命题，他们通过调查研究发现，拥有专门管理知识并且垄断了经营信息的职业经理掌握了企业的实际控制权，而不是企业的

所有者。两权分离理论是经济发展的产物与社会进步的必然结果，股权分散的加剧和经营管理的专业化使两权分离现象更加普遍，而所有权与控制权的分离进一步导致了委托代理问题的产生。现代企业中所存在的代理问题不仅局限于股东与管理层之间，还包括大股东与外部中小投资者之间的代理冲突。股权结构反映了企业利益分配机制以及风险承担情况，是公司治理的产权基础和核心要素，而股权集中度则是股权结构的重要内容之一，是企业所有权集中程度和大股东控制力的反映。La Porta 等（1999）通过实证研究 49 个国家的所有权集中情况发现，投资者法律保护水平较低的国家，股东为了维护自身利益，防止管理层攫取行为，加强对管理层的监督，更有可能保留较为集中的所有权。学术界关于股权集中度对企业绩效产生的影响方面存在不同观点：部分学者认为，股权集中度越高，大股东会利用对企业的控制权通过关联交易、资金占用等方式侵占中小股东的利益，“掏空”企业资源，导致大股东与中小股东之间利益冲突的激化和代理成本的增加，从而对企业绩效产生负面影响（La Porta 等，1999；Lehmann 和 Weigand，2001；高明华和杨静，2002；唐宗明和蒋位，2002；唐清泉等，2005；杨德勇和曹永霞，2007；徐向艺和张立达，2008）；部分研究表明，集中的股权不仅会对大股东起到一定的激励作用，使大股东有更强的动机监督管理层并参与企业经营，从而减少中小股东“搭便车”现象，降低股东与管理层之间的代理成本，而且会使大股东顾及自身利益而弱化“掏空”行为，从而使大股东与中小股东的利益趋于一致，降低利益侵占效应（Xu 和 Wang，1999；Shleifer 和 Vishny，1986；陈小悦和徐晓东，2001；许小年，1997；贺炎林，2014）；还有一些研究认为股权集中度对企业绩效的影响呈“U”型关系（胡加明和吴迪，2020），并且股权集中度的提高，会使企业财务困境成本降低（廖冠民等，2006；Huang 和 Zhao，2008），面临财务风险及陷入财务困境的概率减小（钱忠华，2009；胡旭，2012）。股权集中度与企业绩效关系的研究结论之所以存在较大差异，与研究对象、样本及变量选取、社会经济发展阶段、法律环境、资本市场发展程度、宏观政策等一系列因素密切相关。本书认为，随着中国社会经济的发展以及证券市场的健全，大股东与中小股东的利益趋同程度不断提高，大股东"掏空"行为受到更为严格的约束，股权集中对企业绩效产生的正向影响要强于负面影响，因此股权集中度越高，大股东与中小股东利益趋同度越高，大股东监督管理层的动机越强烈，更有利于提高公司绩效，降低企业陷入财务困境、进而恶化为僵尸企业的可能性，进而本书提出假设 4. 1：

假设 4. 1：上市公司的股权集中度与企业恶化为僵尸企业的可能性负相关。

②董事会独立性与僵尸企业。董事会作为联结股东与管理层的纽带，是解决公司代理问题的重要制度安排，其治理效率直接关系到公司绩效和股东利益。根据代理理论，两权分离导致了股东与管理层之间的委托代理问题，为了降低代理成本、减小代理风险，需要不断提高管理层的经营效率，还要防止股东以及管理层的内部人控制。独立董事作为与公司利益无关的第三方，受声誉机制的约束，具有较高的客观性，引入独立董事制度，一是可以优化公司的权力结构配置，加强对管理层决策的监督，不断促进委托代理双方利益目标的一致，维护股东利益，提高企业的运营效益（Fama 和 Jensen，1983）；二是限制大股东控制，抑制大股东"掏空"行为

（叶康涛等，2007），强化董事会监督职能，维护中小股东利益；三是利用独立董事在经营管理、财务等方面的专业知识，发挥专家咨询作用，提高企业决策的科学性和客观性（魏刚等，2007；曲亮等，2014；何威风和刘巍，2017）。因此，一部分学者认为独立董事通过发挥其监督职能和技术专长对公司绩效起到了促进作用（白重恩等，2005；吴淑琨等，2001；王跃堂等，2006；袁萍等，2006），有助于防范股价崩盘风险（梁权熙和曾海舰，2016），独立董事所占比例会增加财务困境的间接成本（Huang 和 Zhao，2008）。还有一部分学者的研究则发现，中国独立董事制度仍不完善（高明华和马守莉，2002），上市公司独立董事的职能并未充分发挥，部分独立董事缺乏尽职尽责、专业勤勉的职业态度（朱慈蕴和林凯，2013），上市公司独立董事的提名、任免与薪酬发放均受公司影响，难以实现真正意义上的独立，因此中国独立董事制度对公司治理的影响力受到限制，并未发挥预期效果，对企业绩效没有显著影响（曲亮等，2014；朱慈蕴和林凯，2013；杨清香等，2009；郝云宏和周翼翔，2010）。本书认为，在现阶段中国上市公司独立董事制度不尽完善的情况下，董事会的独立性存在一定质疑，独立董事的监管与制衡作用难以充分实现，对企业经营业绩管理以及长远发展的影响力受到较大限制，与企业是否恶化为僵尸企业没有显著关系。从而本书提出假设 4.2：

假设 4.2：在其他条件不变的情况下，上市公司董事会独立性与企业恶化为僵尸企业的可能性不相关。

③高管薪酬与僵尸企业。Jensen 和 Meckling（1976）运用委托代理理论将 Berle 和 Means 的命题进一步展开分析，发现了企业所有者和管理者在目标不一致、信息不对称、契约不完全对等情况下

存在的代理冲突。为了降低管理层由于道德风险和逆向选择产生的代理成本，现代企业管理逐渐引入了管理层薪酬激励机制，企业与高管签订报酬—绩效契约，将高管的个人利益和公司利益联系在一起，充分调动管理层工作积极性（刘绍娓和万大艳，2013），高管需要努力发挥管理能力、提高公司经营绩效才能实现个人利益最大化。根据人力资本理论，人力资本包括劳动者的知识、技术、工作、健康等方面的能力和水平，反映了劳动者的综合能力和素质（Schultz，1961）。随着经济理论的发展，知识积累对于经济增长起到了重要作用，在知识经济背景下，人力资本对社会经济的发展起到至关重要的作用。对于现代企业来说，人力资本，特别是管理层的人力资本，对于增强企业竞争力、提高企业绩效和价值具有重要作用（卢馨和黄顺，2009；苏方国，2011；王学义和何泰屹，2021），关键高管人力资本的丧失会对企业价值造成巨大损失（罗进辉等，2016）。根据代理理论和人力资本理论，合理的激励机制有助于管理层更好地发挥人力资本、激发潜能、提高经营管理积极性，实现企业的利益最大化，其中，货币薪酬正是企业最常用和最重要的激励形式（朱焱和翟会静，2014）。Kaplan（1994）研究发现，日本和美国大公司高管薪酬与企业绩效之间存在显著正相关关系；Hall 和 Liebman（1998）利用 1980—1994 年美国上市公司数据，发现 CEO 薪酬与企业绩效显著正相关；Guy（2000）对 99 家英国公司 1972—1989 年的数据进行研究，结果显示 CEO 薪酬与股东回报显著正相关；除此之外，大量国内学者通过对中国上市公司相关数据的实证分析，也发现了高管薪酬与公司绩效之间的显著正相关关系（杜兴强和王丽华，2007；刘绍娓和万大艳，2013；朱焱和翟会静，2014；陈丹和刘杰琼，2010；吴育辉和吴世农，

2010；夏宁和董艳，2014；李怀建和耿晓晗，2021；张明玉等，2023）。通过上述分析，高管薪酬激励机制的建立有助于提高管理层工作积极性、发挥人力资本潜能，降低股东与管理层之间的代理成本，促进委托代理双方的利益趋于一致，有利于提高企业绩效，增强企业的“造血能力”，从而降低企业恶化为僵尸企业的可能性。基于上述分析，本书提出假设4.3：

假设4.3：上市公司的高管薪酬与企业恶化为僵尸企业的可能性负相关。

（2）实证研究设计与结果分析

①样本选择与变量定义。在前文财务指标分析所使用的样本基础上，引入衡量企业股权集中度的第一大股东持股比例以及反映董事会独立性的独立董事比例，并且借鉴吴育辉和吴世农（2010）的度量方法，选择高管前三名薪酬总额（不包含津贴）的自然对数作为高管薪酬的代理变量（本书所涉及的高级管理人员包含总经理、总裁、CEO、副总经理、副总裁、董秘和年报上公布的其他管理人员）。剔除变量数据缺失的样本，并且对主要连续变量在1%和99%水平上进行Winsorize缩尾处理，降低异常值对实证研究的影响，最终得到18 620个有效观测值，其中包括1 906个僵尸企业样本和16 714个非僵尸企业样本。为了检验公司治理指标对僵尸企业的影响，本节加入了以往文献中普遍使用的相关控制变量，一方面包括五类财务能力的代表指标，控制企业个体财务状况对僵尸企业的影响；另一方面，将公司规模、董事会规模、CEO与董事长两职兼任情况、上市年限、实际控制人性质、年度虚拟变量和行业虚拟变量加入控制变量中（郝云宏和周翼翔，2010；郑国坚等，2013；韩少真，2015；罗进辉等，2017）。其中，公司规模用

上市公司期末资产总额的自然对数衡量，规模越大的企业，经营管理水平相对较为成熟，对僵尸企业风险的防御和应对能力可能会更强（胡旭，2012）；上市年限通过本书样本的观测年份减去该公司的上市年份计算得到，根据吕峻和李梓房（2008）的研究，上市时间越长的企业，IPO融资对于降低负债率和增加现金充盈度的影响越小，财务危机发生的概率越高，从而也会影响僵尸企业产生的可能性；实际控制人性质为虚拟变量，按照锐思数据库（RESSET）企业实际控制人经济性质的分类方法进行整理，实际控制人经济性质为中央企业和地方国有企业的样本取值为1，其他经济性质的样本取值为0；行业虚拟变量以证监会2012年发布的《上市公司行业分类指引》的行业分类为依据，加入模型中以控制不同行业由于发展水平和阶段的差异对僵尸企业起到的不同影响；年份虚拟变量按照研究年度取虚拟变量，控制不同年份宏观经济因素的影响。具体变量定义及说明如表4-4所示。

表4-4 公司治理与僵尸企业研究变量定义

类型	变量		符号	定义
被解释变量	僵尸企业		*ZOMBIE*	僵尸企业取1，非僵尸企业取0
解释变量	股权集中度	第一大股东持股比例	*TOP*1	第一大股东持股数÷总股数
	董事会独立性	独立董事比例	*IDR*	独立董事人数÷董事人数
	高管薪酬	高管前三名薪酬	*SALARY*	高管前三名薪酬总额（不含津贴）的自然对数

续表

类型	变量	符号	定义
控制变量	总资产报酬率	*ROA*	同表 4－2
	资产负债率	*LEV*	
	总资产增长率	*TAGROW*	
	总资产周转率	*TATN*	
	全部资产现金回收率	*OCFTA*	
	公司规模	*SIZE*	期末总资产的自然对数
	上市年限	*AGE*	观测年份减去该公司的上市年份
	实际控制人性质	*CONTROL*	按照锐思数据库（RESSET）企业实际控制人经济性质的分类，实际控制人经济性质为中央企业和地方国有企业的样本取值为 1，其他经济性质的样本取值为 0
	董事长与总经理兼任情况	*DUAL*	董事长兼任总经理时取 1，否则为 0
	董事会规模	*BOARD*	董事会人数
	行业虚拟变量	*INDUSTRY*	按照证监会 2012 年《上市公司行业分类指引》取虚拟变量
	年份虚拟变量	*YEAR*	按照研究年度取虚拟变量

②模型设计。为了实证研究公司治理因素对僵尸企业的影响，从股权集中度、董事会独立性和高管薪酬的角度分别检验假设 4.1、假设 4.2 和假设 4.3，本书构建了以下三个回归模型见式（4－1）、式（4－2）和式（4－3）。

$$ZOMBIE_{i,t} = \beta_0 + \beta_1 TOP1_{i,t} + \beta_2 ROA_{i,t} + \beta_3 LEV_{i,t} + \beta_4 TAGROW_{i,t} + \beta_5 TATN_{i,t} + \beta_6 OCFTA_{i,t} + \beta_7 SIZE_{i,t} + \beta_8 AGE_{i,t} + \beta_9 CONTROL_{i,t} + \beta_{10} DUAL_{i,t} + \beta_{11} BOARD_{i,t} + \sum INDUSTRY + \sum YEAR + \varepsilon_{i,t} \quad \text{式 (4-1)}$$

$$ZOMBIE_{i,t} = \beta_0 + \beta_1 IDR_{i,t} + \beta_2 ROA_{i,t} + \beta_3 LEV_{i,t} + \beta_4 TAGROW_{i,t} + \beta_5 TATN_{i,t} + \beta_6 OCFTA_{i,t} + \beta_7 SIZE_{i,t} + \beta_8 AGE_{i,t} + \beta_9 CONTROL_{i,t} + \beta_{10} DUAL_{i,t} + \beta_{11} BOARD_{i,t} + \sum INDUSTRY + \sum YEAR + \varepsilon_{i,t} \quad \text{式 (4-2)}$$

$$ZOMBIE_{i,t} = \beta_0 + \beta_1 SALARY_{i,t} + \beta_2 ROA_{i,t} + \beta_3 LEV_{i,t} + \beta_4 TAGROW_{i,t} + \beta_5 TATN_{i,t} + \beta_6 OCFTA_{i,t} + \beta_7 SIZE_{i,t} + \beta_8 AGE_{i,t} + \beta_9 CONTROL_{i,t} + \beta_{10} DUAL_{i,t} + \beta_{11} BOARD_{i,t} + \sum INDUSTRY + \sum YEAR + \varepsilon_{i,t} \quad \text{式 (4-3)}$$

③实证结果分析。表 4 – 5 列示了主要变量缩尾后的描述性统计结果。从表 4 – 5 中可知，反映企业股权集中度的第一大股东持股比例（*TOP*1）的均值为 0.3487，最小值为 0.0852，最大值为 0.7487，表明我国上市公司股权相对较为集中，各公司之间差距较大。独立董事比例（*IDR*）的均值为 0.3655，中位数为 0.3636，最小值和最大值分别为 0.1538 和 0.6250，表明大部分上市公司的独立董事人数满足证监会要求的至少 1/3 的比例，但是仍有 1/5 左右的观测值未达到法定要求。高管前三名薪酬自然对数（*SALARY*）的均值为 14.2796（即 1 590 565 元），最小值为 12.5707（288 000 元），最大值为 16.1992（10 844 841 元）是最小值的 38 倍，说明我国上市公司的高管薪酬存在较大差异。公司规模（*SIZE*）和上市年限

(*AGE*) 的均值和中位数均比较接近，并且具有一定的标准差，表明变量不存在严重的偏态，样本具有较好的代表性。

表 4-5　　主要变量缩尾后描述性统计结果

变量名	样本量	均值	标准差	最小值	中位数	最大值
ZOMBIE	18 620	0.1024	0.3031	0	0	1
*TOP*1	18 620	0.3487	0.1505	0.0852	0.3286	0.7487
IDR	18 620	0.3655	0.0962	0.1538	0.3636	0.6250
SALARY	18 620	14.2796	0.6901	12.5707	14.2634	16.1992
ROA	18 620	0.0493	0.0524	-0.1490	0.0457	0.2151
LEV	18 620	0.4416	0.2184	0.0498	0.4352	0.9558
TAGROW	18 620	0.1794	0.3256	-0.2994	0.1005	2.0051
TATN	18 620	0.6544	0.4617	0.0601	0.5434	2.6573
OCFTA	18 620	0.0379	0.0735	-0.1994	0.0382	0.2389
SIZE	18 620	22.0521	1.3168	16.1167	21.8906	28.5087
AGE	18 620	10.0191	6.6755	0	9	27
CONTROL	18 620	0.3903	0.4878	0	0	1
DUAL	18 620	0.2491	0.4325	0	0	1
BOARD	18 620	11.6872	3.9227	3	11	36

主要变量的 Pearson 和 Spearman 相关系数分析结果如表 4-6 所示。第一大股东持股比例（*TOP*1）与僵尸企业（*ZOMBIE*）在 1% 水平下显著负相关，表明上市公司股权集中度越高，企业恶化为僵尸企业的可能性越小，与本书的假设 4.1 一致；独立董事比例（*IDR*）与僵尸企业（*ZOMBIE*）的 Pearson 相关系数为 -0.0533，Spearman 相关系数为 -0.0560，且均在 1% 水平下显著，需要通过实证回归进一步分析。高管前三名薪酬（*SALARY*）与僵尸企业（*ZOMBIE*）的 Pearson 相关系数为 -0.1556，Spearman 相关系数为 -0.1508，均在 1% 水平下显著负相关，初步验证了假设 4.3。各变量间的相关系数均小于 0.6，表明各变量间不存在多重共线性问题。

表 4-6　公司治理与僵尸企业相关性分析

变量	ZOMBIE	TOP1	IDR	SALARY	ROA	LEV	TAGROW	TATN	OCFTA	SIZE	AGE	CONTROL	DUAL	BOARD
ZOMBIE	1	-0.0622 ***	-0.0560 ***	-0.1508 ***	-0.3398 ***	0.3581 ***	-0.2313 ***	-0.0752 ***	-0.1110 ***	-0.0016	0.1842 ***	0.1453 ***	-0.0540 ***	0.1103 ***
TOP1	-0.0637 ***	1	-0.0197 *	0.0273 ***	0.0863 ***	0.0565 ***	-0.0086	0.0984 ***	0.0936 ***	0.2036 ***	-0.0822 ***	0.2331 ***	-0.0482 ***	0.0264 ***
IDR	-0.0533 ***	-0.0174	1	-0.0305 ***	0.0240 ***	-0.1463 ***	0.0608 ***	-0.0047	-0.0234 ***	-0.1226 ***	-0.2584 ***	-0.2134 ***	0.1324 ***	-0.3320 ***
SALARY	-0.1556 ***	0.0321 ***	-0.0345 ***	1	0.2319 ***	0.0650 ***	0.1553 ***	0.1117 ***	0.1378 ***	0.4507 ***	0.0992 ***	0.0108	-0.0461 ***	0.0867 ***
ROA	-0.3751 ***	0.0945 ***	0.0194 ***	0.2277 ***	1	-0.2360 ***	0.3656 ***	0.2624 ***	0.3686 ***	-0.0417 ***	-0.1850 ***	-0.1263 ***	0.0374 ***	-0.0788 ***
LEV	0.3798 ***	0.0545 ***	-0.1466 ***	0.0491 ***	-0.2546 ***	1	0.0232 ***	0.1114 ***	-0.1545 ***	0.4747 ***	0.3971 ***	0.3086 ***	-0.1424 ***	0.2743 ***
TAGROW	-0.1481 ***	-0.0465 ***	0.0434 ***	0.0691 ***	0.2511 ***	-0.0422 ***	1	0.1026 ***	-0.0546 ***	0.1444 ***	-0.2061 ***	-0.1523 ***	0.0664 ***	-0.0911 ***
TATN	-0.0582 ***	0.0874 ***	-0.0210 ***	0.1106 ***	0.1866 ***	0.1418 ***	0.0080	1	0.1759 ***	0.0372 ***	-0.0374 ***	0.0660 ***	-0.0374 ***	-0.0042
OCFTA	-0.1079 ***	0.0911 ***	-0.0206 ***	0.1311 ***	0.3497 ***	-0.1669 ***	-0.0886 ***	0.1101 ***	1	0.0545 ***	-0.0218 ***	0.0330 ***	-0.0215 ***	0.0085
SIZE	-0.0087	0.2492 ***	-0.1139 ***	0.4585 ***	0.0561 **	0.4320 ***	0.0585 ***	0.0549 ***	0.0610 ***	1	0.3410 ***	0.3403 ***	-0.1749 ***	0.2763 ***
AGE	0.1790 ***	-0.0687 ***	-0.2694 ***	0.0992 ***	-0.1451 ***	0.3848 ***	-0.1645 ***	0.0250 ***	-0.0250 ***	0.2818 ***	1	0.4196 ***	-0.2156 ***	0.4148 ***
CONTROL	0.1453 ***	0.2325 ***	-0.2136 ***	0.0061	-0.1050 ***	0.3048 ***	-0.1590 ***	0.0894 ***	0.0331 ***	0.3492 ***	0.4170 ***	1	-0.2783 ***	0.3606 ***
DUAL	-0.0540 ***	-0.0556 ***	0.1316 ***	-0.0407 ***	0.0314 ***	-0.1405 ***	0.0788 ***	-0.0443 ***	-0.0224 ***	-0.1660 ***	-0.2104 ***	-0.2783 ***	1	-0.2060 ***
BOARD	0.1090 ***	0.0317 ***	-0.3380 ***	0.0779 ***	-0.0634 ***	0.2657 ***	-0.0729 ***	0.0186 **	0.0032	0.2603 ***	0.4112 ***	0.3385 ***	-0.1844 ***	1

注：*、**、*** 分别表示在10%、5%和1%的水平下显著。上三角为 Spearman 线性相关系数检验结果，下三角为 Pearson 线性相关系数检验结果。

公司治理因素与僵尸企业的回归结果如表4-7所示。从表4-7中可知，第一大股东持股比例（*TOP*1）与僵尸企业（*ZOMBIE*）在1%水平下显著负相关（回归系数为-1.0362，p值为0.000），说明第一大股东持股比例越高，股权集中度越高，大股东与中小股东利益趋同度越高，大股东更有动力加强对管理层的监督，从而有利于提高公司绩效，降低企业陷入财务困境、进而恶化为僵尸企业的可能性，验证了本书的假设4.1。在控制了其他变量的情况下，独立董事比例（*IDR*）与僵尸企业（*ZOMBIE*）的回归结果表明，独立董事比例（*IDR*）与僵尸企业（*ZOMBIE*）之间的关系并不显著（回归系数为0.3764，p值为0.327）。该结果的出现可能是由于我国独立董事制度不完善导致的，大部分上市公司的独立董事人数设置虽然符合证监会的要求，但制度的不完善使独立董事难以充分发挥监督作用，对企业经营管理改善以及发展决策制定的影响效果不明显，与企业是否恶化为僵尸企业没有直接联系，与本书的假设4.2一致。高管前三名薪酬（*SALARY*）与僵尸企业（*ZOMBIE*）在1%水平下显著负相关（系数为-0.2154，p值为0.000），即高管薪酬越高，该企业恶化为僵尸企业的概率就越小，进而表明高管薪酬的增加对管理层起到了较为明显的激励作用，在一定程度上降低了股东与管理层之间的代理成本，有利于企业绩效的提高，从而降低了企业恶化为僵尸企业的可能性，支持了本书的假设4.3。

除此之外，从回归结果还可以看出：第一，上市公司的总资产报酬率（*ROA*）、总资产增长率（*TAGROW*）和总资产周转率（*TATN*）与僵尸企业（*ZOMBIE*）显著负相关，资产负债率（*LEV*）与僵尸企业（*ZOMBIE*）显著正相关，从实证角度说明企业的盈利能力、偿债能力、营运能力和发展能力均与僵尸企业显著相关，因此将相关财务指标作为僵化指数的基础财务指标非常重要；第二，公司规模（*SIZE*）与僵尸企业（*ZOMBIE*）在1%水平下显著负相关，表明公司规模越大，企业的经营管理相对更为完善，对于财务风险的抵御能力更强，陷入财务困境、恶化为僵尸企业的可能性越小；第三，在式（4－2）与式（4－3）中，上市年限（*AGE*）与僵尸企业（*ZOMBIE*）的回归结果呈显著正相关关系，这与部分文献中所提及的中国上市公司表现出的“一年绩优，二年水平，三年ST，四年重组”现象相吻合（郝云宏和周翼翔，2010），即我国上市公司经营效益随上市年限的增加而下降，企业恶化为僵尸企业的可能性随之增加；第四，实际控制人性质（*CONTROL*）与僵尸企业（*ZOMBIE*）呈显著正相关关系，在一定程度上说明国有企业的经营业绩比非国有企业差，然而，由于其国有的产权性质，尽管企业的经营水平和获利能力存在问题，其获得银行和政府的资金支持仍比非国有企业容易，演变为僵尸企业的可能性就越大；第五，董事长与总经理兼任情况（*DUAL*）以及董事会规模（*BOARD*）与僵尸企业（*ZOMBIE*）之间的关系均不显著。

表4－7　　　　公司治理因素与僵尸企业回归结果

变量	式（4－1）	式（4－2）	式（4－3）
*TOP*1	－1.0362*** (0.000)		
IDR		0.3764 (0.327)	
SALARY			－0.2154*** (0.000)
ROA	－21.8043*** (0.000)	－21.8627*** (0.000)	－21.6658*** (0.000)

续表

变量	式（4-1）	式（4-2）	式（4-3）
LEV	9.7608***	9.7873***	9.6712***
	(0.000)	(0.000)	(0.000)
TAGROW	-1.1552***	-1.1251***	-1.1099***
	(0.000)	(0.000)	(0.000)
TATN	-0.6438***	-0.6749***	-0.6225***
	(0.000)	(0.000)	(0.000)
OCFTA	0.6312	0.6022	0.6125
	(0.263)	(0.283)	(0.275)
SIZE	-0.3920***	-0.4142***	-0.3568***
	(0.000)	(0.000)	(0.000)
AGE	0.0107	0.0160***	0.0161***
	(0.111)	(0.017)	(0.015)
CONTROL	0.5834***	0.5241***	0.4746***
	(0.000)	(0.000)	(0.000)
DUAL	-0.1482	-0.1388	-0.1369
	(0.106)	(0.130)	(0.135)
BOARD	0.0062	0.0100	0.0090
	(0.505)	(0.290)	(0.327)
截距	2.7238***	2.6268***	4.4537***
	(0.000)	(0.000)	(0.000)
年度	控制	控制	控制
行业	控制	控制	控制
样本量	18 034	18 034	18 034
Pseudo R^2	0.4787	0.4775	0.4784

注：括号内数字为回归的 P 值；*、**、*** 分别表示在 10%、5% 和 1% 的水平下显著。

通过实证回归结果可知，反映上市公司公司治理水平的股权集中度和高管薪酬指标与企业恶化为僵尸企业的可能性显著负相关，而董事会独立性与僵尸企业之间的关系并不显著，因此本书引入第一大股东持股比例（*TOP*1）和高管前三名薪酬的自然对数（*SALARY*）作为衡量公司治理水平的指标，加入僵化指数模型中，进一步提高了僵化指数指标的全面性。

4.2.5 外部资金依赖度指标分析

由僵尸企业的定义可知，获得外部资金支持是僵尸企业在丧失造血能力的情况下得以继续生存的重要条件。为了充分反映僵尸企业的核心特征，提高僵化指数的全面性，本书进一步引入两个衡量僵尸企业对外部资金依赖程度的指标，具体包括反映企业得到信贷支持程度的借款现金总资产比（*BCTA*），以及反映企业获得政府资金支持程度的政府补助净利润比（*GGNP*）。

企业现金流量表中披露的"取得借款收到的现金"数值可以反映企业在一定时期内从银行或其他金融机构取得的各种短期、长期借款而收到的现金，能够较为准确地反映公司当年从银行或其他金融机构获得的信贷支持金额，因此本书借鉴叶康涛等（2010）以及倪娟和孔令文（2016）的方法，采用企业总资产对现金流量表中的"取得借款收到的现金"数值进行标准化，即取得借款收到的现金占总资产的比率（*BCTA*），通过该指标衡量企业获得的信贷支持程度。

政府补助净利润比（*GGNP*）为利润表中披露的政府补助金额与净利润的比值，企业收到的计入当期损益的政府补助越多，表明政府对该企业的扶持力度越大，从而会提高企业当期的收益。政府补助与企业净利润的比值越大，则说明企业的盈利能力对政府补助的依赖程度越高。

4.2.6 僵化指数指标汇总

通过上述基础财务指标、公司治理指标以及外部资金依赖度指标的筛选与分析，本书最终选取的具体僵化指数各指标变量如表4-8所示。

表4-8　　僵化指数指标变量汇总

一级指标	二级指标	三级指标	英文缩写
僵化指数	盈利能力	总资产报酬率	*ROA*
		总资产净利率	*NPTA*
		净资产收益率	*ROE*
		营业净利率	*NPM*
	偿债能力	资产负债率	*LEV*
		流动比率	*CURRENT*
		速动比率	*QUICK*
		现金比率	*CASH*
	营运能力	总资产周转率	*TATN*
		存货周转率	*IVTN*
		应收账款周转率	*RCTN*
		固定资产周转率	*NCATN*
	发展能力	总资产增长率	*TAGROW*
		净资产增长率	*EGROW*
		净利润增长率	*NPGROW*
		主营业务收入增长率	*RGROW*

续表

一级指标	二级指标	三级指标	英文缩写
僵化指数	现金流水平	全部资产现金回收率	*OCFTA*
		现金总负债比率	*OCFTL*
		现金流动负债比率	*OCFCL*
		每股经营性现金净流量	*OCFPER*
	公司治理	第一大股东持股比例	*TOP*1
		高管薪酬	*SALARY*
	外部资金依赖度	信贷支持	*BCTA*
		政府补助支持度	*GGNP*

4.3　僵化指数赋权方法的选择

为了构建僵尸企业的僵化指数，在明确综合指标体系的基础上，应选择符合研究目标和研究内容的方法对指数中的各类指标进行赋权。由于现阶段学术界与实务界在僵尸企业认定标准及影响因素方面尚未形成统一观点，对僵尸企业问题的认识和了解程度存在一定差异，因此依赖个人主观意见及判断的主观赋权法并不适用于本书僵尸企业僵化指数的构建。本节对以往文献普遍使用的各类指数赋权方法进行了回顾与分析，结合本书研究目标最终选择熵值法作为僵化指数的赋权方法，捕捉僵尸企业财务及公司治理指标数据所蕴含的信息，并根据信息含量及重要程度对相关指标进行赋权，从而得到僵尸企业的僵化评价指数。

4.3.1 指数赋权方法

指数构建是一项系统工程，应结合研究理论需要、数据类型及特点、所选变量类型等因素，选择合适的构建方式。随着学科交流的广泛兴起，统计学中丰富的综合评价方法在经济管理领域得到广泛应用，目前学术界在构建企业相关财务指数及多指标的综合评价方法时，为了将多个财务指标通过一定的评价方法转化为能反映评价对象总体特征的信息，在对初始财务指标进行评价筛选并确定最终财务指标的基础上，研究重心集中在对各财务指标进行赋权，或者对财务指标进行综合评价形成新的综合指标并对其赋权。

指标权重反映了各指标在评价过程中的重要程度，权重系数的确定是指数构建的重要内容。按照权重系数产生方法的不同，主要包括主观赋权法和客观赋权法两大类，其中，主观赋权法运用定性方法由专家根据经验进行主观判断而得到权数，然后再对指标进行综合评价，如德尔菲法、层次分析法、模糊层次分析法、模糊综合评价法等。客观赋权法根据指标之间的相关关系或各项指标的变异系数来确定权数进行综合评价，如均方差法、变异系数法、灰色关联分析法、主成分分析法、因子分析法和熵值法等。南开大学的中国公司治理指数、G 指标以及中国上市公司内部控制指数在选择了与研究主题紧密相关的各类指标的基础上，分别使用了层次分析法、主成分分析法以及算术平均法对指标赋予权重，较好地实现了各指数构建的目标（南开大学公司治理评价课题组等，2008；白重恩等，2005；中国上市公司内部控制指数研究课题组，2011）。针对研究对象和研究目的，选择合适、科学、可行的赋权方法，对于指数的构建至关重要。

（1）主观赋权法

①德尔菲法。德尔菲法，也称专家调查法，是20世纪40年代由美国兰德公司研究的一种调查和分析专家意见、利用专家的专长和经验进行直观预测的研究方法，通过专家调查问卷及观点反馈得到最大限度受专家认可的结果。德尔菲法需要根据专家集体专业知识和经验进行直观判断，将所需解决的问题分别发送至各位专家征询其意见，随后回收汇总所有专家意见，统计整理得到最终综合意见，将综合意见和预测问题再次发送给专家征询后续意见，各位专家可根据综合意见对原有意见进行修改，然后再次汇总统一。通过反复多次的征询、汇总、修改等过程，逐步形成较为一致的预测结果。德尔菲法主要是通过函询的方式进行集体思想交流，相比于其他专家预测法，德尔菲法主要具有以下三个特点：一是匿名性，专家组成员只通过函件沟通交流，彼此不直接见面，在一定程度上消除了权威专家产生的影响；二是反馈性，该方法通过两轮以上的专家意见征询和信息反馈，反复征询、修改意见，推动研究逐步深入，最终结果基本能够反映专家的想法，达成一定程度的共识，专家意见的共识程度越高，结论的准确性越高；三是统计性，德尔菲法运用统计手段，从定量的角度对专家意见进行评价和处置。德尔菲法在军事预测、人口预测、经营预测等众多领域均受到了一定程度的认可，用来进行评价、规划、决策制定和沟通管理等工作。该方法具有广泛的代表性，适用范围广，不足之处是受专家知识、经验等主观因素的影响较大，过程较为烦琐，花费时间较长（黎春，2010）。

②层次分析法。层次分析法（Analytic Hierarchy Process,

AHP)，是 Satty 于 20 世纪 70 年代创立的多目标决策分析方法，该方法综合考虑了定性与定量分析方法，将一个复杂问题的不同构成因素按照属性特点分解成若干个有序层次和因素，同一层次中的元素地位近似，相近的两个层次间均有一定联系，根据层次之间的隶属关系构建起有序的层次结构模型。在层次模型中，采用专家意见法对各层次的重要性进行量化评价，用定量的方式比较判断两两指标之间的相对重要程度，进而建立判断矩阵，然后运用数学方法计算得到不同方案重要性的权重，将各层次相对重要性权数加以组合，得到各指标相对于目标的重要权数，进而计算得出不同可行方案的综合评价值，为选择最优方案提供依据（黎春，2010；秦吉和张翼鹏，1999；张吉军，2000；郭金玉等，2008）。层次分析法在处理复杂的决策问题时具有较高的实用性和有效性，在经济计划和管理、能源政策和分配、行为科学、农业、环境等领域得到广泛应用，该方法通过对指标的两两比较，将人的主观判断予以量化分析，综合了主观逻辑分析以及客观计算推演，使决策过程具有很强的条理性和科学性。

③模糊层次分析法。张吉军（2000）对层次分析法进一步研究发现，检验判断矩阵是否具有一致性存在较大困难，一旦不具有一致性时，需要对判断矩阵的元素进行调整，可能会经过多次调整、检验、再调整等一系列过程，并且一致性判断标准的科学依据并不充分。因此引入了模糊一致矩阵的概念，提出了模糊层次分析法，对于矩阵一致性的检验更容易，解决了普通层次分析法反复多次调整和检验才能实现判断矩阵一致性的缺点，提高了准确性和便捷性。但是该方法实质上仍为主观统计分析方法，在应用中仍然具有主观性、随机性、专家意见不确定性以及认识模糊性等问题。

④模糊综合评价法。模糊综合评价法是基于模糊数学的综合评价方法。该方法在确定评价因素、因子的评价等级标准和权值的基础上，根据模糊数学的隶属度理论对各因素和因子的模糊界线加以描述，通过多层复合运算，把定性评价转化为定量评价，确定评价对象所属等级（宋晓莉等，2006）。该方法结果清晰、系统性强，能较好地解决模糊的、难以量化的问题，适合各种非确定性问题的解决。

（2）客观赋权法

通过主观赋权方法得到的权重系数极大程度上取决于专家的知识、经验及其偏好，为了避免权重系数确定的人为干扰和主观性，更加准确地捕捉数据间的联系，可采取客观赋权分析方法。按照客观赋权法对指标进行赋权时，权重系数反映了各指标在总体指标中的变异程度和对其他指标的影响程度，权重系数可根据各指标所提供的信息量大小进行确定。常用的客观赋权法包括以下几种：

①均方差法。均方差法是一种基于均方差（即标准差）确定权重的多指标综合评价法，标准差能反映一个数据集的离散程度，指标标准差越大，说明其指标值的变异程度越大，提供的信息量越大，在综合评价中的权重也越大；相反，若指标的标准差越小，提供的信息量也越小，在综合评价中的权重越小。

②变异系数法。变异系数又称离散系数，是概率分布离散程度的归一化量度，是标准差与平均值的比值。在对两组或多组数据的变异程度进行比较时，度量单位与平均数相同的情况下可利用标准差进行比较，若度量单位与平均数存在差异，则应消除测量尺度与量纲影响，运用变异系数进行比较。变异系数值会受到变量值离散程度以及变量值平均水平大小的影响。用该方法进行指标评价时，

指标取值差异越大，即越难以实现的指标，更能反映被评价单位的差距。

各指标变异系数的公式如下所示：

$$V_i = \frac{\sigma_i}{\bar{x}_i}(i = 1, 2, \cdots, n)$$

其中，σ_i 是第 i 项指标的标准差，$\bar{x}_i$ 是第 i 项指标的平均值，V_i 是第 i 项指标的变异系数。

基于变异系数计算指标权重的公式如下所示：

$$W_i = \frac{V_i}{\sum_{i=1}^{n} V_i}$$

③灰色关联分析法。灰色系统理论（Grey Theory）是由著名学者邓聚龙教授于 1982 年首创的一种系统科学理论，其中的灰色关联分析是根据因素之间发展趋势的相似或相异程度，即“灰色关联度”，对各因素间的关联程度进行衡量。关联度是对两个系统之间的因素随时间或对象而变化的关联性大小的量度，若两个因素变化的趋势具有一致性，说明二者同步变化程度较高，关联程度较高；反之，则较低。

灰色关联分析法根据研究问题的实际情况确定指标中反映系统行为特征的参考数列（最优序列）和影响系统行为的比较数列，然后对原始指标进行无量纲化处理，再通过比较数列曲线和参考数列曲线几何形状的差别程度来判断其关联程度，求出参考数列与比较数列的关联系数，将各时刻关联系数集中为一个值，得到参考数列和比较数列的关联度，通过比较各关联度的大小来判断指标的权重（金玉国，2002；罗毅和李昱龙，2013）。

④主成分分析法。主成分分析是多元统计分析中常用的一种方

法，主要是利用降维的思想把原有的多个相关性较强的指标重新组合转化成几个新的彼此相互独立或不相关的综合指标来代替原有指标，根据实际需要选取较少的几个综合指标最大程度地反映原有指标信息，主成分即为最后得到的综合指标，其中具有最大方差的为第一主成分，表明其综合原有变量的能力最强，后续主成分的方差依次递减，综合原有变量信息的能力相对较弱（詹雷和郭文娟，2011）。主成分分析在转换的过程中不仅能消除原有变量的多重共线性，而且能够尽可能多地保留原始变量的信息（朱永忠等，2012）。

⑤因子分析法。因子分析是主成分分析的推广和发展，主要是利用降维的思想，探究原始变量相关矩阵内部的依赖关系，找出能够控制所有变量的少数几个随机变量（因子），并描述多个变量间的相关关系，根据相关性将变量分组，使同一组的变量间具有较高的相关性，而不同组变量间的相关性则较低。

对于因子分析赋权而言，原始变量的权重主要是基于分析过程中的数量关系确定的，在因子分析中可以运用较少的因子反映绝大部分的原始变量信息。因子载荷矩阵中的元素体现了对应的变量与公共因子相关系数，是变量在公共因子上相对重要性的反映，变量在所有公共因子上的载荷平方和称作共同度，衡量了全部公共因子对该变量的总方差所作的贡献。也就是说，变量共同度体现了该变量对提取因子的重要性，共同度越大，说明该变量对公共因子变化的影响越大。

⑥熵值法。熵值法又称熵权法，来源于信息论中的信息熵概念，熵是对不确定性的一种度量。信息量越大，不确定性就越小，熵就越小；信息量越小，不确定性越大，熵也越大。熵值法就是用

来判断某个指标离散程度的数学方法，指标的熵值越小，说明该指标数据的分布越无序、离散程度越大，指标提供的信息量就越多，指标对综合评价的影响越大，权重也就越大。

通过上述赋权方法的介绍，可以看到主观赋权法与客观赋权法各有特点。主观赋权法一般带有主观判断色彩，赋权结果与评价者的知识储备、工作经验、个人偏好等有关，具有较大的主观性和随意性，评价过程透明性和再现性差，赋权结果具有可继承性，稳定性较好。客观赋权法利用观测数据所提供的信息来确定权数，赋权结果完全由客观信息和数据确定，不具有任何主观判断色彩，客观性强，避免了主观赋权法所存在的主观随意性问题，赋权结果从整体上体现了指标的离散程度或信息含量，但是赋权结果会随着数据的变化而发生改变，不具有稳定性和继承性。

4.3.2 熵值法赋权

通过对上述客观赋权法的分析与比较可知，熵值法主要是在客观数据的基础上通过各评价指标之间的差异程度确定权重系数，避免了主观因素的影响，能够客观科学地对样本数据进行衡量，较好地捕捉样本间各指标所包含的信息量大小，可以对指标的贡献程度进行客观衡量。本书已经根据文献统计、理论分析以及实证检验等方法对僵尸企业僵化指数构建所需要的指标进行了筛选，因此赋权方法无需再对指标筛选进行后续处理，熵值法的赋权思想及方法符合本书指数构建的要求，并且对于目前缺乏统一认定标准的僵尸企业问题而言较为适合，因此本书选择熵值法对僵尸企业的相关指标进行赋权。

（1）指标无量纲化处理

从僵尸企业指标数据描述性统计信息可以看出，本书统计筛选出的综合指标既包含绝对量指标也包含相对量指标，各指标的量纲不同，与僵尸企业僵化程度之间的关系也并不一致，因此无法根据原有指标数据直接进行比较分析，在对指标进行后续综合评价之前需要对相关指标进行同向化和无量纲化处理，增加不同时期不同上市公司之间指标的可比性，为僵化指数构建奠定基础。

在进行经济统计分析时，涉及的评价指标可分为正向指标、逆向指标和适度指标三大类，对于正向指标和逆向指标而言，二者的区别在于对社会经济现象进行描述时的角度不同。一般而言，正向指标是从正面描述社会经济现象的指标，该类指标数值越大，说明经济效益越好；逆向指标是从反面描述社会经济现象的指标，指标数值越大，说明经济效益越差，部分构建上市公司指数的文献将正向指标定义为指数值越大企业经营情况越好的指标，而逆向指标则是数值越小企业经营状况越差的指标（王恒进，2004；何秀贤，2008）。然而，对于构建的僵尸企业僵化指数而言，研究对象为上市公司中的僵尸企业，僵化指数则是对僵尸化程度的衡量，因此本书的正向指标指的是指标值越大，僵尸企业经营状况越差，僵化程度越高的指标，逆向指标则是指标值越大，僵尸企业经营情况越好，僵化程度越低的指标。具体而言，正向指标包括资产负债率（*LEV*）、借款现金总资产比（*BCTA*）和政府补助净利润比（*GGNP*）。资产负债率越高，企业负债水平越高，债权人向企业提供信贷资金的风险越高，对于经营不善、盈利水平低下的僵尸企业而言，企业偿还债务的能力越差，企业经营风险越高，僵化程度也越高；而借款现金总资产比和政府补助净利润比越高，说明企业对银行、其他金融机构以及政府的资金依赖程度越高，对于自身造血能力低下甚至丧失的僵尸企业而言，僵化程度越高。除上述三个指标外，其他指标均为逆向指标，以总资产报酬率（*ROA*）为例，该指标是企业一定时间内获得的报酬总额与资产平均总额的比率，反映了企业的资产获利能力，该指标数值越高，说明企业的盈利能力越好，资产运营效益越高，对于僵尸企业而言，总资产报酬率越高，僵尸企业仍保留一定的获利能力，僵化程度相对较低，因此属于逆向指标。

适度指标一般是指越接近某个值越好的指标，传统财务分析认为流动比率和速动比率这两个衡量企业短期偿债能力的财务指标存在一定的适度范围，部分文献也将这两个指标作为适度指标进行财务分析，一般认为，指标值过低，说明企业短期偿债能力差，资产变现能力弱，经营风险较大，而指标值过高，则可能是企业存货积压过多、持有现金过多等原因导致的，流动资产和速动资产的周转速度受到影响，企业未能有效发挥资金的作用（顾梓琦，2010；徐黎，2008）。但是对于僵尸企业来说，较高的流动比率和速动比率意味着僵尸企业仍有一定的资金保障，有偿还短期债务的能力，僵化程度相对较低。因此，本书将流动比率和速动比率作为逆向指标加入僵尸企业僵化指数的构建中。综上所述，除了资产负债率、借款现金总资产比和政府补助净利润比是正向指标外，其他指标均为逆向指标。

假设 $x_{ij}(i=1,2,\cdots,n;\ j=1,2,\cdots,m)$ 为第 i 个僵尸企业第 j 个指标的观测数据，对于正向指标而言，处理方法为：

$$x'_{ij}=\frac{x_{ij}-\min(x_{1j},x_{2j},\cdots,x_{nj})}{\max\ (x_{1j},x_{2j},\cdots,x_{nj})-\min(x_{1j},x_{2j},\cdots,x_{nj})}$$

逆向指标则选择以下公式进行处理：

$$x'_{ij} = \frac{\max(x_{1j}, x_{2j}, \cdots, x_{nj}) - x_{ij}}{\max(x_{1j}, x_{2j}, \cdots, x_{nj}) - \min(x_{1j}, x_{2j}, \cdots, x_{nj})}$$

其中，$\min(x_{1j}, x_{2j}, \cdots, x_{nj})$为僵尸企业样本第 j 个指标的最小值，$\max(x_{1j}, x_{2j}, \cdots, x_{nj})$为僵尸企业样本第 j 个指标的最大值，x'_{ij}为原始指标无量纲化处理后的值。

按照该方法对本书筛选的指标进行无量纲化处理，除了资产负债率（*LEV*）、借款现金总资产比（*BCTA*）和政府补助净利润比（*GGNP*）采用正向指标处理公式外，其他指标均采用逆向指标处理公式，无量纲化处理后各指标的最小值为 0，最大值为 1，从而可以减少由指标计算方法、度量单位和数量级等原因产生的数据差异，消除指标的不同量纲影响以及不同指标与僵尸企业僵化指数间相关性的正反差异，增加样本间的可比性。

（2）指标权重计算方法

①指标归一化。在对僵尸企业样本各项财务指标同向化和无量纲化处理的基础上，计算僵尸企业 i 的第 j 项指标数值占该指标所有样本数值和的比重p_{ij}，计算公式为：

$$p_{ij} = \frac{x'_{ij}}{\sum_{i=1}^{n} x'_{ij}} (i = 1, 2, \cdots, n; j = 1, 2, \cdots, m)$$

②计算指标熵值。根据计算得到的各僵尸企业样本第 j 项指标所占的比重，按照如下公式求得第 j 项指标的熵值：

$$e_j = -k \sum_{i=1}^{n} p_{ij} \ln (p_{ij})$$

其中，$k = 1/\ln(n)$，$0 \leqslant e_j \leqslant 1$。特别地，当$p_{ij} = 0$时，令$\ln(p_{ij}) = 0$。

③计算指标的差异系数。指标的差异系数是对指标数据离散程度的衡量，指标差异越大，熵值就越小，对最终评价结果的影响就

越大。令第 j 项指标的差异系数为 d_j，则：

$$d_j = 1 - e_j$$

④计算指标权重。指标的差异系数反映了该指标对最终指数的重要性，因此可以通过第 j 项指标的差异系数占总差异系数的比重计算得到第 j 项指标的权重，计算公式为：

$$w_j = \frac{d_j}{\sum_{j=1}^{m} d_j}$$

第 j 项指标的权重 w_j 反映了该指标包含的信息量，权重越大，该指标对僵化指数的影响越大。

⑤僵尸企业僵化指数。按照上述计算方法求得各指标权重，将各指标权重与具体指标数据相结合得到各僵尸企业的僵化指数值（Z_j），僵尸企业的僵化指数值越接近于1，表明该企业的僵化程度越高。

$$Z_j = \sum_{j=1}^{m} w_j \times x'_{ij}$$

4.4 僵化指数构建与结果分析

4.4.1 研究时间段划分

对于本书研究时间段而言，我国处于经济转轨和体制改革时期，企业作为社会主义市场经济的主体，其发展方向在很大程度上与国家总体经济方针保持一致，经营管理活动必然会受到宏观经济因素的影响。Altman（1983）研究发现，在经济衰退时期的企业更容易陷入困境，经济增长、标准普尔指数和货币供给量等因素对企业陷入财务困境的概率具有显著影响。Bae 等（2002）以亚洲金融危机为背景，对韩国数据进行研究发现，银行业危机时期企业价值与其关联的主要银行财务健康程度紧密相连，深陷财务约束与困境的企业会承担更高的银行危机成本，高杠杆、高银行贷款以及低流动性的企业股权价值的下跌更为严重。Qu（2008）从行业层面对宏观经济因素与瑞典企业违约可能性的关系进行了实证研究，结果表明工业产值、利差、汇率和股票价格都会影响企业违约的可能性。王克敏等（2006）考察了宏观经济与公司治理结构对企业陷入财务困境的影响，发现宏观经济因素对于企业陷入财务困境有一定的影响，特别是公司对工业增加值和实际利率水平的变化越敏感，越容易陷入财务困境。吕峻和李梓房（2008）对我国 1999—2007 年上市公司样本进行实证研究，结果表明，公司特性、行业因素和宏观经济因素对公司陷入财务困境均有重要影响。国内其他学者的相关实证研究结果均表明宏观经济因素对于企业是否陷入财务困境有重要影响（卢永艳，2013；肖贤辉和谢赤，2012；彭华，2016）。

综上所述，国家整体经济形势和宏观环境呈良好状态时，市场经济发展势头较好，会增强社会居民购买力，提高企业的生产经营环境和业绩，使企业向健康良好的趋势发展；反之，如果宏观经济环境恶化，居民收入会受到严重冲击，社会购买力下降，企业的经营性现金流也会受到严重影响，市场竞争越发激烈，从而导致企业经营业绩的下滑，恶化为僵尸企业的可能性不断加大。由此本书提出假设 4. 4：

假设 4. 4：宏观经济环境与僵尸企业负相关。

（1）实证研究设计

国内生产总值是指一个国家（或地区）所有常住单位，在一定时期内（一般以年或季度为时间节点）生产的全部最终产品与服务价值的总和，是国民经济核算的核心指标，也是衡量一个国家总体经济状况、反映宏观经济环境的重要指标。由国内生产总值计算得到的国内生产总值增长率能够更加直观地反映不同时期经济形势的变化程度，国内生产总值增长率越高，说明该国家（或地区）的整体经济形势越好；反之，则说明其经济发展疲软，经济形势低迷。国内生产总值增长率成为学术界普遍使用的衡量宏观经济环境的代理变量（卢永艳，2013；李万福和叶阿忠，2007；吕峻和石荣，2014），因此本书选择国内生产总值增长率作为宏观经济环境的代理变量。

宏观经济环境与僵尸企业相关关系的研究样本与本章公司治理指标研究相同，剔除金融业上市公司以及研究变量数据缺失的样本后共包含 2010—2017 年 18 620 个观测值，其中包括 1 906 个僵尸企业样本和 16 714 个非僵尸企业样本。需要特别指出的是，在经济运行过程中，宏观经济环境变化对微观企业产生的影响是需要经过一段时间之后才会显现出来的，即存在滞后效应，同时，为了在一定程度上降低宏观经济因素影响微观企业行为可能存在的内生性问题，本书对国内生产总值增长率变量进行滞后一期处理。国内生产总值数据来自国家统计局 2018 年《中国统计年鉴》。

为了尽可能降低企业个体财务状况与公司治理水平对研究宏观环境与僵尸企业关系可能产生的干扰，本章将五类财务能力的代表指标以及三个公司治理指标均加入控制变量中。具体研究变量定义如表4－9所示。

表4－9　　宏观经济环境与僵尸企业研究变量定义

类型	变量	符号	定义
被解释变量	僵尸企业	$ZOMBIE_{i,t}$	僵尸企业取1，非僵尸企业取0
解释变量	国内生产总值增长率	$GDPGROW_{i,t-1}$	上一期国内生产总值增长率
控制变量	总资产报酬率	$ROA_{i,t}$	同表4－2
	资产负债率	$LEV_{i,t}$	
	总资产增长率	$TAGROW_{i,t}$	
	总资产周转率	$TATN_{i,t}$	
	全部资产现金回收率	$OCFTA_{i,t}$	
	第一大股东持股比例	$TOP1_{i,t}$	同表4－4
	独立董事比例	$IDR_{i,t}$	
	高管前三名薪酬	$SALARY_{i,t}$	
	公司规模	$SIZE_{i,t}$	
	董事会规模	$BOARD_{i,t}$	
	董事长与总经理兼任情况	$DUAL_{i,t}$	
	实际控制人性质	$CONTROL_{i,t}$	
	上市年限	$AGE_{i,t}$	
	行业虚拟变量	$INDUSTRY$	
	年份虚拟变量	$YEAR$	

为了研究宏观经济因素与僵尸企业的相关关系，本章以国内生产总值增长率为解释变量构建了宏观经济环境因素对僵尸企业影响的实证模型，见式（4－4）：

$$
\begin{aligned}
ZOMBIE_{i,t} = {} & \beta_0 + \beta_1\ GDPGROW_{i,t-1} + \beta_2\ ROA_{i,t} + \beta_3\ LEV_{i,t} + \\
& \beta_4\ TAGROW_{i,t} + \beta_5\ TATN_{i,t} + \beta_6\ OCFTA_{i,t} + \beta_7\ TOP1_{i,t} + \\
& \beta_8\ IDR_{i,t} + \beta_9\ SALARY_{i,t} + \beta_{10}\ SIZE_{i,t} + \beta_{11}\ AGE_{i,t} +
\end{aligned}
$$

$$\beta_{12}CONTROL_{i,t} + \beta_{13}BOARD_{i,t} + \beta_{14}DUAL_{i,t} + \sum INDUSTRY + \sum YEAR + \varepsilon_{i,t} \quad 式（4-4）$$

（2）实证结果分析

①国内生产总值增长率统计。2008 年全球金融危机爆发，我国经济受到一定冲击，宏观经济环境不确定性较大，经济增长速度放缓，国家通过加强和改善宏观调控，加大改革力度，更加注重经济发展质量，宏观经济变量均有较大幅度的变动。图 4－1 为国内生产总值金额与增长率的变动情况。从图 4－1 中可以看出，我国 2008—2017 年国内生产总值稳步提升，但增长速度略有下降，增速放缓，2008—2012 年受到全球金融危机的影响，我国国内生产总值波动较大，随后几年在国家宏观调控下波动趋于平缓，国内生产总值增长率的均值为 8.22%，最小值为 2016 年的 6.70%，最大值为 2010 年的 10.60%。

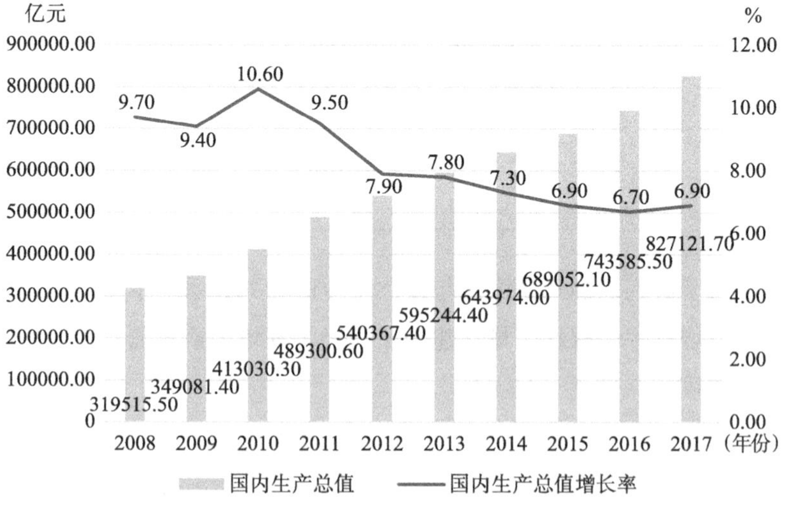

图 4－1　2008—2017 年国内生产总值变化趋势

②回归结果分析。宏观经济环境代理变量国内生产总值增长率（$GDPGROW_{i,t-1}$）与僵尸企业（$ZOMBIE_{i,t}$）的回归结果如表4-10所示。前一年的国内生产总值增长率（$GDPGROW_{i,t-1}$）与本年企业恶化为僵尸企业的可能性负相关（回归系数为-24.0947），并且在1%的水平下显著。结果表明，国内生产总值增长率越高，宏观经济处于繁荣时期，发展前景较好，资本市场中的上市公司整体业绩和盈利能力相对较高，企业恶化为僵尸企业的概率较小。

表4-10 国内生产总值增长率与僵尸企业的回归结果

$ZOMBIE_{i,t}$	式（4-4）
$GDPGROW_{i,t-1}$	-24.0947*** (0.000)
$ROA_{i,t}$	-21.5593*** (0.000)
$LEV_{i,t}$	9.6420*** (0.000)
$TAGROW_{i,t}$	-1.1427*** (0.000)
$TATN_{i,t}$	-0.5863*** (0.000)
$OCF\ TA_{i,t}$	0.6751 (0.230)
$TOP1_{i,t}$	-1.1063*** (0.000)
$IDR_{i,t}$	0.3568 (0.357)
$SALARY_{i,t}$	-0.2300*** (0.000)

续表

$ZOMBIE_{i,t}$	式（4－4）
$SIZE_{i,t}$	－0.3292*** （0.000）
$AGE_{i,t}$	0.0124*** （0.067）
$CONTROL_{i,t}$	0.5404*** （0.000）
$DUAL_{i,t}$	－0.1491 （0.104）
$BOARD_{i,t}$	0.0094 （0.322）
截距	6.6784*** （0.000）
年度	控制
行业	控制
样本量	18 034
Pseudo R^2	0.4800

注：括号内数字为回归的 p 值；*、**、*** 分别表示在 10%、5% 和 1% 的水平下显著。

（3）研究时间段划分

通过宏观经济环境与僵尸企业的实证结果可知，宏观经济环境对僵尸企业的产生与蔓延起到了显著影响作用，不同经济发展阶段企业面临的生产经营环境有所区别，从而会影响到企业的财务经营状况。考虑到宏观经济环境对僵尸企业的影响以及前文经济周期划分方法的说明，本书根据国内生产总值增长率的变动情况进一步对研究区间（2010—2017 年）进行划分，分时段构建僵尸企业僵化指数，充分捕捉各时段僵尸企业数据特点，提高同时段数据的可比性以及僵化指数的全面性与准确性。由图4－1可知，在2010年开始的新一轮经济周期中，根据国内生产总值增长率的波动情况可以细分为两个阶段：第一个阶段为2010年至2012年，国内生产总值增长率从10.6%大幅下降至7.9%，降幅明显，为宏观经济增速大幅下降阶段（以下简称为“第一时间段”）；第二阶段为2013年至2017年，国内生产总值增长率趋于平缓，从2013年的7.8%，下降到2016年的6.7%，并于2017年略升至6.9%，国内生产总值增长率保持平稳回落，降幅明显收窄，变动幅度较小，为宏观经济稳定阶段（以下简称“第二时间段”）。

将2010—2017年识别出的僵尸企业样本与文献统计筛选出的财务指标以及后续补充的公司治理指标和外部资金依赖度指标数据相结合，剔除指标数据残缺的样本，最终得到1 924个僵尸企业样本，其中第一时间段（2010—2012年）共537个样本，第二时间段（2013—2017年）共1 387个样本。2010—2017年僵尸企业全样本以及各分时间段样本相关指标的描述性统计结果如表4－11和表4－12所示。从统计结果可以看出，僵尸企业的盈利能力普遍较差，四项盈利能力指标的均值均为负数；资产负债率的全样本均值为0.7887，最大值达到了63.9712，负债水平普遍较高，第二时间段样本的资产负债率均值为0.7389，低于第一时间段的0.9174，第二时间段样本的流动比率、速动比率以及现金比率均略高于第一时间段，表明宏观环境较为稳定的第二时间段样本偿债能力整体优于宏观经济增速大幅下降的第一时间段；营运能力指标的分时间段数据表明，第二时间段样本的周转率水平略高于第一时间段；衡量发展能力的各增长率指标全样本均值整体较低，净资产增长率和净利润增长率的均值均为负数，中位数也小于0，一定程度上说明僵尸企业发展能力较低；两个时间段现金流各指标均值差异并不明显；第二时间段样本的公司治理指标均值略高于第一时间段；僵尸企业对金融机构和政府的资金依赖程度普遍较高，借款现金总资产比的全样本均值为0.3262，政府补助净利润比均值为1.2627，反映了僵尸企业对外部资金依赖程度之高，分时间段比较可知第二时间段样本获得的外部资金支持指标均值高于第一时间段。

表4－11　　僵尸企业全样本各指标描述性统计结果

指标	样本量	均值	标准差	最小值	中位数	最大值
ROA	1 924	-0.0176	0.4562	-14.5832	0.0124	10.0239
NPTA	1 924	-0.0393	0.4574	-14.5860	0.0007	10.0322
ROE	1 924	-0.1660	2.2510	-60.1534	0.0035	29.7372
NPM	1 924	-1.5645	60.1530	-2 637.6940	0.0011	34.2699
LEV	1 924	0.7887	1.6363	0.3020	0.6875	63.9712
CURRENT	1 924	0.9599	0.5358	0.0024	0.8820	5.4762
QUICK	1 924	0.6327	0.4061	0.0024	0.5580	4.5860
CASH	1 924	0.2009	0.2190	0.0000	0.1401	2.4679
TATN	1 924	0.6036	0.7226	0.0003	0.4673	12.3729
IVTN	1 924	250.4371	9 430.691	-0.0038	3.7469	411 160.9
RCTN	1 924	52.1057	375.4165	0.0401	7.3142	13 125.58
NCATN	1 924	9.9504	149.7661	0.0036	1.6553	6 456.441
TAGROW	1 924	0.0356	0.4334	-0.9725	-0.0006	11.4433
EGROW	1 924	-0.1600	4.4218	-140.0226	-0.0055	57.4556
NPGROW	1 924	-7.1244	52.4769	-1 242.56	-1.0826	620.8697
RGROW	1 924	0.2731	2.8990	-0.9997	0.0166	82.6926
OCFTA	1 924	0.0077	0.1499	-4.2696	0.0167	0.4886
OCFTL	1 924	0.0204	0.1323	-1.1163	0.0239	0.7297
OCFCL	1 924	0.0254	0.2673	-6.3473	0.0302	1.6277
OCFPER	1 924	0.1682	1.0990	-16.3449	0.0964	16.3117
TOP1	1 924	0.3219	0.1459	0.0416	0.2955	0.8492
SALARY	1 924	13.8588	0.7502	10.8513	13.8849	17.0105
BCTA	1 924	0.3262	0.2963	0	0.2904	7.8131
GGNP	1 924	1.2627	10.4278	-22.7019	0	328.1748

表4-12 僵尸企业分时间段各指标描述性统计结果

指标	第一时间段（2010—2012年）				第二时间段（2013—2017年）			
	样本量	均值	最小值	最大值	样本量	均值	最小值	最大值
ROA	537	-0.0177	-0.8251	1.4748	1 387	-0.0175	-14.5832	10.0239
NPTA	537	-0.0432	-0.8604	1.3802	1 387	-0.038	-14.5860	10.0322
ROE	537	-0.1358	-29.8814	29.7372	1 387	-0.1777	-60.1534	25.1686
NPM	537	-5.0716	-2 637.69	34.2699	1 387	-0.2066	-36.4370	16.1185
LEV	537	0.9174	0.3020	18.9398	1 387	0.7389	0.3116	63.9712
CURRENT	537	0.8403	0.0024	5.4762	1 387	1.0063	0.5654	4.4427
QUICK	537	0.5521	0.0024	4.5860	1 387	0.6639	0.0175	3.3015
CASH	537	0.1859	0.0000	2.4679	1 387	0.2067	0.0006	1.9787
TATN	537	0.6241	0.0003	9.1038	1 387	0.5956	0.0018	12.3729
IVTN	537	28.9973	0.0076	5 882.556	1 387	336.1712	-0.0038	411 160.9
RCTN	537	28.9085	0.0459	1 582.994	1 387	61.0869	0.0401	13 125.58
NCATN	537	3.1588	0.0036	148.7694	1 387	12.5799	0.0115	6 456.441
TAGROW	537	0.0036	-0.9090	1.4054	1 387	0.0481	-0.9725	11.4433
EGROW	537	-0.4299	-140.023	23.1013	1 387	-0.0555	-46.8151	57.4556

续表

指标	第一时间段（2010—2012 年）				第二时间段（2013—2017 年）			
	样本量	均值	最小值	最大值	样本量	均值	最小值	最大值
NPGROW	537	-6.1761	-147.975	42.8289	1 387	-7.4915	-1 242.56	620.8697
RGROW	537	0.2393	-0.9997	30.0854	1 387	0.2862	-0.9913	82.6926
OCFTA	537	0.0076	-1.0796	0.3514	1 387	0.0077	-4.2696	0.4886
OCFTL	537	0.0169	-1.1163	0.4382	1 387	0.0218	-0.9018	0.7297
OCFCL	537	0.0255	-1.8222	0.7926	1 387	0.0254	-6.3473	1.6277
OCFPER	537	0.1467	-3.7244	7.1826	1 387	0.1765	-16.3449	16.3117
*TOP*1	537	0.3121	0.0514	0.8492	1 387	0.3256	0.0416	0.8251
SALARY	537	13.4412	10.8513	15.6682	1 387	14.0205	11.4794	17.0105
BCTA	537	0.3204	0	2.2451	1 387	0.3285	0	7.8131
GGNP	537	1.0248	-22.7019	51.5251	1 387	1.3548	-22.0296	328.1748

4.4.2　僵化指数结果分析

(1) 第一时间段 (2010—2012 年) 僵化指数结果分析

表 4-13 列示了第一时间段 (2010—2012 年) 僵尸企业盈利能力、偿债能力、营运能力、发展能力、现金流水平、公司治理以及外部资金依赖度指标的赋权结果。从第一时间段僵尸企业各指标权重可以看出，企业偿债能力指标具有最高的权重 (37.35%)，其中，资产负债率的权重为 36.10%，在所有指标中排在第一位，权重排名第二位和第三位的分别是营业净利率 (权重为 23.35%) 和借款现金总资产比 (权重为 18.93%)。

表 4-13　第一时间段 (2010—2012 年) 僵化指数指标权重

<table>
<tr><th>一级指标</th><th colspan="2">二级指标权重</th><th colspan="2">三级指标及权重</th></tr>
<tr><td rowspan="12">僵化指数 (Z)</td><td rowspan="4">盈利能力</td><td rowspan="4">0.2428</td><td>总资产报酬率 (ROA)</td><td>0.0032</td></tr>
<tr><td>总资产净利率 (NPTA)</td><td>0.0041</td></tr>
<tr><td>净资产收益率 (ROE)</td><td>0.0020</td></tr>
<tr><td>营业净利率 (NPM)</td><td>0.2335</td></tr>
<tr><td rowspan="4">偿债能力</td><td rowspan="4">0.3735</td><td>资产负债率 (LEV)</td><td>0.3610</td></tr>
<tr><td>流动比率 (CURRENT)</td><td>0.0047</td></tr>
<tr><td>速动比率 (QUICK)</td><td>0.0040</td></tr>
<tr><td>现金比率 (CASH)</td><td>0.0038</td></tr>
<tr><td rowspan="4">营运能力</td><td rowspan="4">0.0059</td><td>总资产周转率 (TATN)</td><td>0.0017</td></tr>
<tr><td>存货周转率 (IVTN)</td><td>0.0012</td></tr>
<tr><td>应收账款周转率 (RCTN)</td><td>0.0016</td></tr>
<tr><td>固定资产周转率 (NCATN)</td><td>0.0014</td></tr>
</table>

续表

一级指标	二级指标权重		三级指标及权重	
僵化指数（Z）	发展能力	0.0515	总资产增长率（*TAGROW*）	0.0072
			净资产增长率（*EGROW*）	0.0133
			净利润增长率（*NPGROW*）	0.0293
			主营业务收入增长率（*RGROW*）	0.0017
	现金流水平	0.0748	全部资产现金回收率（*OCFTA*）	0.0259
			现金总负债比率（*OCFTL*）	0.0276
			现金流动负债比率（*OCFCL*）	0.0174
			每股经营性现金净流量（*OCFPER*）	0.0039
	公司治理	0.0536	第一大股东持股比例（*TOP1*）	0.0207
			高管薪酬（*SALARY*）	0.0329
	外部资金依赖度	0.1979	借款现金总资产比（*BCTA*）	0.1893
			政府补助净利润比（*GGNP*）	0.0086

根据熵值法得到的各项指标权重，可构建第一时间段僵尸企业僵化指数公式（4－5），式中的各项指标值均为同向化和无量纲化处理后的数值。

$$Z = 0.0032 \times ROA' + 0.0041 \times NPTA' + 0.0020 \times ROE' + 0.2335 \times NPM' + 0.3610 \times LEV' + 0.0047 \times CURRENT' + 0.0040 \times QUICK' + 0.0038 \times CASH' + 0.0017 \times TATN' + 0.0012 \times IVTN' + 0.0016 \times RCTN' + 0.0014 \times NCATN' + 0.0072 \times TAGROW' + 0.0133 \times EGROW' + 0.0293 \times NPGROW' + 0.0017 \times RGROW' + 0.0259 \times OCFTA' + 0.0276 \times OCFTL' + 0.0174 \times OCFCL' + 0.0039 \times OCFPER' + 0.0207 \times TOP1' + 0.0329 \times SALARY' + 0.1893 \times BCTA' + 0.0086 \times GGNP'$$

式（4－5）

根据上述公式计算得到的第一时间段僵尸企业的僵化指数全样本和分行业描述性统计数据如表4-14所示，2010—2012年僵尸企业僵化指数的均值为0.1334，最小值为0.0840，最大值为0.6591，表明该时间段各僵尸企业僵化指数存在较大差距。从行业分布角度来看，按照各行业门类的僵化指数均值进行排序后，综合行业门类（S）和租赁业（L）排在所有行业门类中的前两位，这两个行业门类的僵尸企业样本量均较小，僵化指数均值分别为0.2023和0.1501；僵尸企业样本量最大的制造业僵化指数均值为0.1335，最小值为0.0848，最大值为0.6591，该行业均值极值与该时间段均值极值近似，说明行业内部存在较大差距。

表4-14　第一时间段（2010—2012年）僵尸企业僵化指数全样本及分行业统计

	样本量	Z值均值	最小值	最大值
第一时间段（2010—2012年）全样本	537	0.1334	0.0840	0.6591
行业名称及代码	样本量	Z值均值	最小值	最大值
综合（S）	8	0.2023	0.0951	0.4621
租赁业（L）	3	0.1501	0.1222	0.2052
批发和零售业（F）	12	0.1458	0.0912	0.1787
房地产业（K）	14	0.1375	0.0912	0.2348
农、林、牧、渔业（A）	16	0.1366	0.1118	0.1797
教育（P）	1	0.1342	0.1342	0.1342
制造业（C）	412	0.1335	0.0848	0.6591
交通运输、仓储和邮政业（G）	13	0.1226	0.0937	0.1749
电力、热力、燃气及水生产和供应业（D）	37	0.1220	0.0840	0.1598
文化、体育和娱乐业（R）	3	0.1205	0.1118	0.1301
建筑业（E）	4	0.1196	0.1123	0.1238

续表

行业名称及代码	样本量	Z 值均值	最小值	最大值
信息传输、软件和信息技术服务业（I）	8	0.1190	0.0982	0.1383
采矿业（B）	3	0.1183	0.1035	0.1363
水利、环境和公共设施管理业（N）	2	0.1132	0.1097	0.1167
住宿和餐饮业（H）	1	0.1060	0.1060	0.1060

从第一时间段僵尸企业僵化指数散点分布图和直方图（见图 4－2 和图 4－3）可知，僵化指数分布最为密集的区间为 0.1—0.2，大部分僵尸企业样本的僵化指数均集中于该区间内，僵化指数大于 0.2 的僵尸企业数量较少且较为分散，并且有个别僵尸企业的僵化指数大于 0.45，明显区别于其他僵尸企业，表明该时间段上市公司僵尸企业的僵化程度平均偏低，出现严重僵化现象的上市公司僵尸企业较少。

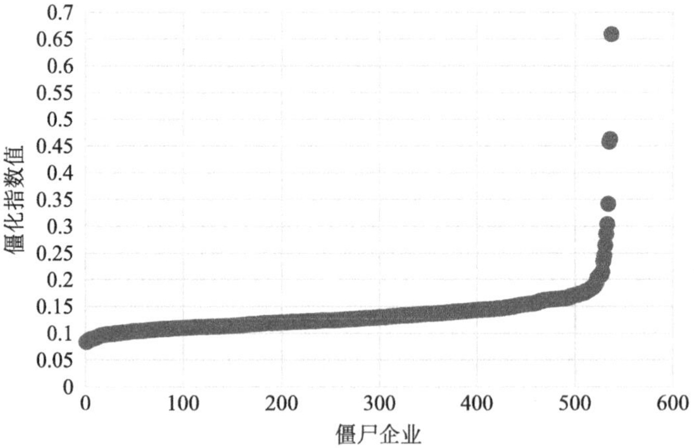

图 4－2　第一时间段（2010—2012 年）僵尸企业僵化指数散点分布图

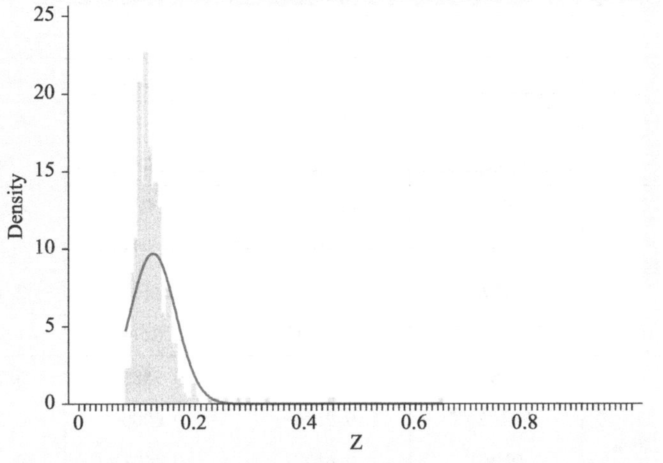

图4－3　第一时间段（2010—2012年）僵尸企业僵化指数直方图

根据散点分布图和直方图分布特点将第一时间段僵尸企业按照僵化指数的大小分为三组，对各组僵尸企业的基础财务指标、公司治理指标和外部资金依赖度指标进行比较分析，其中，将明显区别于其他僵尸企业僵化指数（大于0.2）的样本分为一组，其他僵尸企业僵化指数最小值为0.0840，最大值为0.1940，将该范围内僵尸企业样本按照僵化指数从低到高排列后，运用组距法分为两组，具体各组僵尸企业的指标均值统计如表4－15所示，各小组指标的均值差异比较如表4－16所示。

从表4－15和表4－16可知，僵化指数高的小组，盈利能力指标均值普遍小于僵化指数低的小组，第一组总资产报酬率（*ROA*）和总资产净利率（*NPTA*）的均值显著高于第二组和第三组，虽然第三组净资产收益率（*ROE*）的均值2.1305显著高于前两组，但该组样本的营业净利率（*NPM*）均值达到了－177.8304，显著低

表 4-15　第一时间段（2010—2012 年）僵化指数各组指标均值统计

指标类别	僵化指数区间	第一组	第二组	第三组
		0.0840—0.1390	0.1390—0.1940	0.2—1
	样本量	372	150	15
盈利能力	*ROA*	-0.0030	-0.0457	-0.1016
	NPTA	-0.0241	-0.0784	-0.1668
	ROE	-0.2341	-0.1187	2.1305
	NPM	-0.1617	0.0279	-177.8304
偿债能力	*LEV*	0.7075	0.9585	5.7118
	CURRENT	0.9146	0.6900	0.5007
	QUICK	0.6197	0.4178	0.2201
	CASH	0.2153	0.1256	0.0596
营运能力	*TATN*	0.5755	0.7543	0.5293
	IVTN	15.2851	11.7666	541.3662
	RCTN	31.1424	24.8230	14.3636
	NCATN	2.8768	3.6818	4.9210
发展能力	*TAGROW*	0.0150	-0.0028	-0.2156
	EGROW	-0.2052	-0.8689	-1.6107
	NPGROW	-4.1548	-11.8763	0.6972
	RGROW	0.2165	0.3369	-0.1710
现金流水平	*OCFTA*	0.0248	-0.0196	-0.1454
	OCFTL	0.0383	-0.0271	-0.0726
	OCFCL	0.0549	-0.0363	-0.0852
	OCFPER	0.2407	-0.0237	-0.4799
公司治理	*TOP*1	0.3221	0.2938	0.2493
	SALARY	13.5364	13.2433	13.0587
外部资金依赖度	*BCTA*	0.2157	0.5225	0.8962
	GGNP	1.1025	0.9338	0.0069

表4-16　第一时间段（2010—2012年）各小组指标均值差异比较

指标类别	指标变量	均值差异		
		第一组与第二组	第一组与第三组	第二组与第三组
盈利能力	*ROA*	0.0427 ***	0.0986 ***	0.0558
	NPTA	0.0543 ***	0.1428 ***	0.0885
	ROE	-0.1154	-2.3646 ***	-2.2492 ***
	NPM	-0.1896	177.6686 ***	177.8582 ***
偿债能力	*LEV*	-0.2510 ***	-5.0043 ***	-4.7533 ***
	CURRENT	0.2245 ***	0.4139 ***	0.1893
	QUICK	0.2019 ***	0.3996 ***	0.1978 ***
	CASH	0.0896 ***	0.1557 ***	0.0661 *
营运能力	*TATN*	-0.1788 ***	0.0462	0.2250
	IVTN	3.5186	-526.0810 ***	-529.600 ***
	RCTN	6.3194	16.7788	10.4595
	NCATN	-0.8050	-2.0441	-1.2391
发展能力	*TAGROW*	0.0178	0.2306 ***	0.2128 ***
	EGROW	0.6637	1.4055	0.7418
	NPGROW	7.7215 ***	-4.8520	-12.5735 *
	RGROW	-0.1204	0.3875	0.5079
现金流水平	*OCFTA*	0.0443 ***	0.1702 ***	0.1259 ***
	OCFTL	0.0654 ***	0.1109 ***	0.0454
	OCFCL	0.0912 ***	0.1401 ***	0.0488
	OCFPER	0.2644 ***	0.7206 ***	0.4562 **
公司治理	*TOP1*	0.0283 **	0.0728 *	0.0445
	SALARY	0.2931 ***	0.4777 ***	0.1846
外部资金依赖度	*BCTA*	-0.3068 ***	-0.6806 ***	-0.3737 ***
	GGNP	0.1687	1.0957	0.9269

注：*、**、*** 分别表示在10%、5%和1%的水平下显著。

于前两组，在一定程度上反映出僵化指数高的僵尸企业盈利能力相对更差。偿债能力指标中，僵化指数权重最高的资产负债率（*LEV*）在三个小组的均值分别为0.7075、0.9585和5.7118，且三组间均值差异均在1%水平下显著，表明企业负债压力越大、资不抵债的情况越严重，企业的僵化程度越高，僵化指数较为充分地体现了僵尸企业资不抵债、债务负担沉重的核心特征；第一组的流动比率（*CURRENT*）、速动比率（*QUICK*）和现金比率（*CASH*）均值显著高于第二组和第三组，表明僵化指数高的小组偿债能力比僵化指数低的小组更差，资产流动性和变现能力更弱。营运能力的四个财务指标在计算僵化指数时所占的权重较小，在各组间的差异并不显著。发展能力各指标在三组的差异规律并不突出，结果显示，僵化指数高的小组具有更低的总资产增长率（*TAGROW*）、净资产增长率（*EGROW*）和主营业务收入增长率（*RGROW*）均值。反映现金流水平的四个指标均值在三个小组中具有较为明显的差异，僵化程度高的组指标均值显著更低，现金流水平更差，资产变现和债务清偿等能力更差。衡量公司治理水平的两个指标在僵化指数高的小组均值更低，第一组指标均值显著高于后两组。借款现金总资产比作为该时间段僵化指数权重排名第三位的指标，其均值在三个小组中具有显著差异，第三组指标均值达到了0.8962，显著高于前两组，说明该部分样本企业对信贷资金的依赖程度极为严重；前两组样本政府补助净利润比的均值都大于0.9，反映了较强的政府财政资金依赖度，但是第三组样本对政府补助的依赖并不严重，指标均值较低。

（2）第二时间段（2013—2017年）僵化指数结果分析

第二时间段（2013—2017年）僵尸企业各指标熵值法赋权结

果如表4-17所示，资产负债率具有最大的权重（52.32%），表明该指标数据所携带信息的效用值最大，对于本时间段僵化指数的影响最大，影响力排在第二位的是借款现金总资产比，权重为25.13%，其他指标权重均低于1%，对僵尸企业僵化指数的影响力度较小。整体而言，偿债能力和外部资金依赖度对于本时间段僵尸企业僵化程度的衡量具有最为重要的影响。

表4-17　第二时间段（2013—2017年）僵化指数指标权重

一级指标	二级指标权重		三级指标及权重	
僵化指数（Z）	盈利能力	0.0089	总资产报酬率（*ROA*）	0.0014
			总资产净利率（*NPTA*）	0.0014
			净资产收益率（*ROE*）	0.0032
			营业净利率（*NPM*）	0.0029
	偿债能力	0.5543	资产负债率（*LEV*）	0.5232
			流动比率（*CURRENT*）	0.0120
			速动比率（*QUICK*）	0.0113
			现金比率（*CASH*）	0.0078
	营运能力	0.0050	总资产周转率（*TATN*）	0.0027
			存货周转率（*IVTN*）	0.0007
			应收账款周转率（*RCTN*）	0.0009
			固定资产周转率（*NCATN*）	0.0007
	发展能力	0.0073	总资产增长率（*TAGROW*）	0.0012
			净资产增长率（*EGROW*）	0.0013
			净利润增长率（*NPGROW*）	0.0037
			主营业务收入增长率（*RGROW*）	0.0011
	现金流水平	0.0595	全部资产现金回收率（*OCFTA*）	0.0302
			现金总负债比率（*OCFTL*）	0.0155
			现金流动负债比率（*OCFCL*）	0.0110
			每股经营性现金净流量（*OCFPER*）	0.0028
	公司治理	0.0700	第一大股东持股比例（*TOP*1）	0.0445
			高管薪酬（*SALARY*）	0.0255
	外部资金依赖度	0.2950	借款现金总资产比（*BCTA*）	0.2513
			政府补助净利润比（*GGNP*）	0.0437

通过上述指标权重可以构建如下僵化指数公式（4－6）：

$$Z = 0.0014 \times ROA' + 0.0014 \times NPTA' + 0.0032 \times ROE' + 0.0029 \times NPM' + 0.5232 \times LEV' + 0.0120 \times CURRENT' + 0.0113 \times QUICK' + 0.0078 \times CASH' + 0.0027 \times TATN' + 0.0007 \times IVTN' + 0.0009 \times RCTN' + 0.0007 \times NCATN' + 0.0012 \times TAGROW' + 0.0013 \times EGROW' + 0.0037 \times NPGROW' + 0.0011 \times RGROW' + 0.0302 \times OCFTA' + 0.0155 \times OCFTL' + 0.0110 \times OCFCL' + 0.0028 \times OCFPER' + 0.0445 \times TOP1' + 0.0255 \times SALARY' + 0.2513 \times BCTA' + 0.0437 \times GGNP' \quad \text{式（4－6）}$$

表4－18列示了第二时间段（2013—2017年）各僵尸企业的僵化指数全样本和分行业描述性统计结果，该时间段共有1 387个僵尸企业样本，僵化指数均值为0.1100，最小值为0.0719，最大值则为0.6489，僵化程度差异较大。从行业分布角度来看，按照各行业门类的僵化指数均值进行排序后，仅拥有一个样本的文化体育和娱乐业（R）僵化指数为0.1211，排在所有行业门类中的第一位；租赁业（L）以及批发和零售业（F）与第一时间段的行业排位相同，分列第二位和第三位，僵化指数均值分别为0.1151和0.1131。拥有1 006个僵尸企业样本的制造业僵化指数均值为0.1112，最小值为0.0743，并且该行业门类中包含了该时间段僵化指数最高的样本（僵化指数为0.6489），表明行业内僵化指数的差异较大。

图4－4和图4－5是第二时间段僵尸企业僵化指数的散点分布图和直方图，从图中可以观测到僵尸企业的僵化指数分布非常集中，绝大多数僵尸企业的僵化指数集中在0.05—0.25，仅有两家僵尸企业的僵化指数大于0.3，僵化程度明显高于其他僵尸企业。

表4-18　第二时间段（2013—2017年）僵尸企业僵化指数全样本及分行业统计

第二时间段（2013—2017年）全样本	样本量	Z值均值	最小值	最大值
	1 387	0.1100	0.0719	0.6489
行业名称及代码	样本量	Z值均值	最小值	最大值
文化、体育和娱乐业（R）	1	0.1211	0.1211	0.1211
租赁业（L）	6	0.1151	0.1071	0.1315
批发和零售业（F）	56	0.1131	0.0888	0.1337
农、林、牧、渔业（A）	50	0.1119	0.0928	0.1317
制造业（C）	1 006	0.1112	0.0743	0.6489
电力、热力、燃气及水生产和供应业（D）	33	0.1100	0.0795	0.1324
住宿和餐饮业（H）	8	0.1094	0.1064	0.1117
综合（S）	16	0.1094	0.0900	0.1356
建筑业（E）	17	0.1086	0.0793	0.1242
教育（P）	1	0.1080	0.1080	0.1080
水利、环境和公共设施管理业（N）	8	0.1078	0.0941	0.1248
交通运输、仓储和邮政业（G）	29	0.1031	0.0763	0.205
信息传输、软件和信息技术服务业（I）	30	0.1019	0.0719	0.1213
房地产业（K）	77	0.1012	0.0726	0.1311
采矿业（B）	45	0.1011	0.0749	0.1460

根据散点分布图和直方图分布特点将第二时间段僵尸企业按照僵化指数的大小分为三组，对各组僵尸企业的基础财务指标、公司治理指标以及外部资金依赖度指标进行比较分析，其中，将明显区别于其他僵尸企业僵化指数（大于0.3）的两家僵尸企业分为一组，其他僵尸企业的僵化指数集中在0.0719—0.2055范围内，从低到高排列后按照组距法分为两组，具体各组僵尸企业的指标均值统计及均值差异如表4-19和表4-20所示。

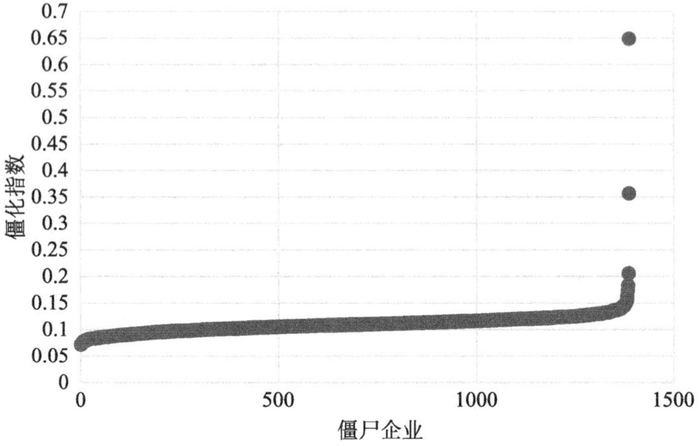

图 4-4　第二时间段（2013—2017 年）僵尸企业僵化指数散点分布图

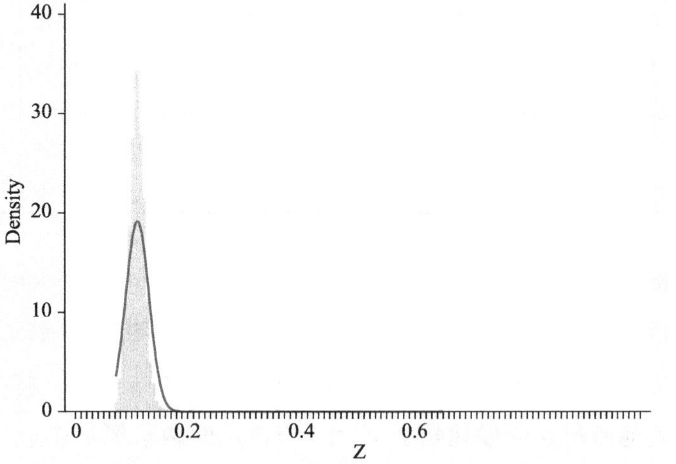

图 4-5　第二时间段（2013—2017 年）僵尸企业僵化指数直方图

表4-19 第二时间段（2013—2017年）僵化指数各组指标均值统计

指标类别	僵化指数区间	第一组	第二组	第三组
		0.0719—0.1387	0.1387—0.2055	0.3—1
	样本量	1362	23	2
盈利能力	*ROA*	-0.0047	-0.1633	-7.0415
	NPTA	-0.0246	-0.2064	-7.0936
	ROE	-0.1633	-1.0598	0.1899
	NPM	-0.1853	0.0598	-17.7857
偿债能力	*LEV*	0.6808	1.4384	32.2652
	CURRENT	1.0118	0.6355	1.4900
	QUICK	0.6657	0.4922	1.4482
	CASH	0.2081	0.1393	0.0062
营运能力	*TATN*	0.5952	0.6336	0.4306
	IVTN	342.2221	6.4694	7.0962
	RCTN	61.3337	50.4627	15.1457
	NCATN	12.7581	2.9615	1.8088
发展能力	*TAGROW*	0.0544	-0.2428	-0.8973
	EGROW	-0.0418	0.0852	-11.0126
	NPGROW	-7.5109	-7.5779	6.7176
	RGROW	0.2936	-0.1242	-0.0804
现金流水平	*OCFTA*	0.0134	-0.2534	-0.8482
	OCFTL	0.0235	-0.0753	-0.0343
	OCFCL	0.0350	-0.3300	-2.4363
	OCFPER	0.1861	-0.3646	-0.1493
公司治理	*TOP*1	0.3269	0.2599	0.2246
	SALARY	14.0282	13.6240	13.2966
外部资金依赖度	*BCTA*	0.3110	1.0502	3.9505
	GGNP	1.1430	14.0157	0.0011

表 4-20　　第二时间段（2013—2017 年）各小组指标均值差异比较

指标类别	指标变量	均值差异		
		第一组与第二组	第一组与第三组	第二组与第三组
盈利能力	*ROA*	0.1585 **	7.0367 ***	6.8782 ***
	NPTA	0.1818 **	7.0689 ***	6.8872 ***
	ROE	0.8965 *	-0.3532	-1.2497
	NPM	-0.2451	17.6004 ***	17.8455 ***
偿债能力	*LEV*	-0.7576 ***	-31.5844 ***	-30.8268 ***
	CURRENT	0.3763 ***	-0.4782	-0.8545 **
	QUICK	0.1735 **	-0.7825 ***	-0.9559 **
	CASH	0.0688	0.2019	0.1331
营运能力	*TATN*	-0.0383	0.1647	0.2030
	IVTN	335.7527	335.1259	-0.6268
	RCTN	10.8710	46.1881	35.3171
	NCATN	9.7966	10.9493	1.1527
发展能力	*TAGROW*	0.2972 ***	0.9517 ***	0.6545 **
	EGROW	-0.1270	10.9708 ***	11.0978 ***
	NPGROW	0.0669	-14.2286	-14.2955
	RGROW	0.4178	0.3740	-0.0438
现金流水平	*OCFTA*	0.2668 ***	0.8616 ***	0.5948
	OCFTL	0.0988 ***	0.0578	-0.0410
	OCFCL	0.3651 ***	2.4713 ***	2.1063 *
	OCFPER	0.5507 **	0.3353	-0.2153
公司治理	*TOP*1	0.0670 **	0.1023	0.0353
	SALARY	0.4042 ***	0.7317	0.3274
外部资金依赖度	*BCTA*	-0.7393 ***	-3.6395 ***	-2.9003 ***
	GGNP	-12.8726 ***	1.1419	14.0146

注：*、**、*** 分别表示在 10%、5% 和 1% 的水平下显著。

从表4－19和表4－20可知，除净资产报酬率（*ROE*）外，其他三个反映盈利能力的指标均值在不同组之间存在明显差距，僵化指数高的小组盈利能力指标均值显著低于僵化指数低的小组，造血能力更差。特别要指出的是，虽然第三组僵尸企业净资产报酬率（*ROE*）为正，高于前两组，但该组僵尸企业的营业净利率（*NPM*）均值为－17.7857，显著低于前两组，表明该组僵尸企业营业收入创造净利润的能力极差，几乎丧失了企业销售的获利能力。偿债能力指标中，僵化指数权重最大的资产负债率在三个组的均值差异较大，前两组分别为0.6808和1.4384，僵化指数最高的第三组资产负债率均值达到了32.2652，显著高于前两组，说明僵化程度高的企业负债压力更大，资不抵债的程度更高；三组僵尸企业的现金比率（*CASH*）均值由第一组的0.2081降低到第三组的0.0062，反映了僵化程度越高的僵尸企业变现能力越弱。营运能力指标中，僵化指数高的小组，应收账款周转率（*RCTN*）和固定资产周转率（*NCATN*）的均值低于僵化指数低的小组，表明僵化程度高的僵尸企业，存货和固定资产的周转能力越差。发展能力方面，第三组僵尸企业样本的总资产增长率（*TAGROW*）均值显著低于前两组，在一定程度上说明僵尸企业僵化程度越严重，发展潜力越小。反映现金流水平的四个指标均值在各组也具有较显著的差异，僵化程度高的组指标均值更低，现金流水平更差。由公司治理指标均值可知，僵化指数高的小组公司治理指标均值更低，但均值差异仅在前两组显著。反映企业对外部资金依赖程度的指标中，僵化指数高的小组借款现金总资产比（*BCTA*）均值显著高于僵化指数低的小组，表明对银行等金融机构资金的依赖程度越高，第三组借款现金总资产比的均值更是达到了3.9505。

4.5 本章小结

本章围绕僵化指数构建目标，结合僵尸企业样本特点，从指标筛选、赋权方法介绍以及各时期僵化指数具体构建过程等方面阐述了本书僵尸企业僵化指数的构建情况。僵化指数的指标由反映企业基本财务及经营情况的基础财务指标、衡量企业公司治理水平的公司治理指标以及体现僵尸企业获得政府财政支持及银行信贷补贴的外部资金依赖度指标组成，综合反映了僵尸企业的财务经营、管理发展以及“吸食”外部资金等特点，形成了僵化指数综合指标体系。运用熵值法对筛选出的各指标进行赋权，考虑到宏观经济环境变化对僵尸企业的影响情况，本书根据国内生产总值增长率的波动情况对研究时间段进行了划分，分时段构建了僵尸企业的僵化指数模型，并对各时段僵尸企业的僵化指数结果进行了总结分析，为后文僵尸企业分类标准的提出奠定了基础。

第 5 章

僵尸企业的处置机制

2015 年前后的产能过剩以及僵尸企业问题引起了社会的关注，积极化解产能过剩、加快淘汰僵尸企业成为政府工作的重要内容。2015 年 11 月，国务院总理李克强明确提出要进一步深化改革，加快推进僵尸企业重组整合或退出市场。2015 年 12 月召开的国务院常务会议明确了僵尸企业长期亏损且不符合国家能耗、环保、质量、安全等相关标准的特点，进一步强调了处置僵尸企业的重要性和必要性。2016 年 3 月召开的第十二届全国人大第四次会议上，时任总理李克强针对僵尸企业问题指出，应采取兼并重组、债务重组或破产清算等措施积极稳妥处置僵尸。2017 年和 2018 年国家多次强调要坚定不移地处置僵尸企业，大力破除无效供给，推动化解过剩产能。由此可以看出，积极妥善地解决僵尸企业问题对于该阶段经济社会发展具有重要意义。

僵尸企业处置机制由僵尸企业处置机理、僵尸企业分类处置策略、僵化风险预警与管理机制以及僵尸企业处置配套机制组成，挖掘僵尸企业数据特点、僵化程度、分类处置、配套机制以及风险预警与管理之间的内在联系，可提高僵尸企业处置的效率和效果，推动僵尸企业处置工作顺利进行。

通过前几章对僵尸企业的识别标准以及僵化指数的构建可知，企业的财务状况、经营现状、公司治理水平、对外部资金的依赖程度以及宏观经济环境均对僵尸企业的产生和僵化程度的加深有重要影响，因此，本章首先将前文构建的僵尸企业僵化指数与僵尸状态持续期相结合对僵尸企业的综合僵化程度进行衡量，得到僵尸企业综合分类标准，将上市公司僵尸企业划分为轻度僵化、中度僵化和重度僵化三大类，分析各类别僵尸企业的指标数据及综合特点，有针对性地提出适合各类别僵尸企业的处置策略，形成僵尸企业的处置机理；其次，深入分析适合轻度僵化、中度僵化和重度僵化僵尸企业的处置策略，结合上市公司实际案例对处置策略进行补充说明；再次，优化包含僵尸企业处置法律制度、政府部门工作机制以及综合保障机制在内的僵尸企业处置配套机制；最后，完善僵尸企业的僵化风险预警及管理机制，及时防范、控制和化解僵化风险，降低后续僵尸企业处置工作的难度与复杂度。最终形成长效化和常态化的僵尸企业处置机制，提高僵尸企业问题的解决效率，降低社会资源浪费，为推动僵尸企业处置工作的顺利进行提供参考。本书僵尸企业处置机制研究思路如图 5－1 所示。

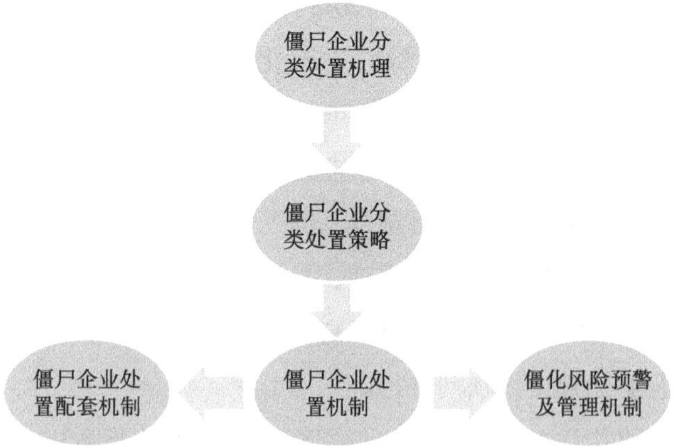

图 5－1　僵尸企业处置机制

5.1 国内外僵尸企业处置方式

5.1.1 国内僵尸企业处置方式

在国家大力推进供给侧结构性改革、强调加快处置僵尸企业的背景下，各级地方政府积极跟随中央步伐，2015年中央经济工作会议中明确提出对于僵尸企业的处置应“尽可能多兼并重组、少破产清算”，多个地方政府在此原则的基础上，针对各地区的经济发展状况和僵尸企业实际情况，纷纷出台了一系列地方政策规定，其中，分类处置僵尸企业更是多个地方政府的工作重点。本节对研究时间段内我国部分省市出台的分类处置僵尸企业的政策意见进行了汇总，以便为后续僵尸企业分类处置方法的分析提供参考。

2016年3月，青海省出台了《处置僵尸企业工作方案》，以推进经济结构性改革为方向，积极稳妥、依法依规、运用市场机制，采取提升、改造、重组、退出“四个一批”的僵尸企业处置方式。首先，关停不符合国家产业政策、环境污染严重、安全隐患突出的企业；关闭破产那些失去自我发展能力和市场活力，生产停顿、扭亏无望、资不抵债的企业。其次，推动产能规模萎缩、长期经营亏损陷入困境、产业集中度低的企业通过兼并重组的方式，改善经营情况，提升发展质量和效益。再次，对于经营管理水平落后、无法应对市场新形势而陷入财务困境，但产品仍具有市场，通过提高经营管理水平有机会摆脱困境的僵尸企业，要加强企业营销、成本、投资管理，充分挖掘企业潜力。最后，对于企业技术设备落后、生产效率和经济效益低下而陷入财务困境，但行业发展前景较好，仍具有一定发展潜力的僵尸企业而言，应加大技术投入，开发符合市场需求的新产品，创新运营模式。

2016年4月，广东省发布了《广东省人民政府关于全省国企出清重组“僵尸企业”促进国资结构优化的指导意见》，将国有僵尸企业分为关停企业和特困企业。对资产仍有价值的关停企业实施兼并重组，盘活有效资产；对资产丧失价值、资不抵债的关停企业实施关闭破产。对于特困企业的处置主要包括四种方法：一是规模小、负担重、但仍具品牌和市场的企业，应采用兼并重组、产权多元化改革等方式，增强企业竞争力；二是有产业价值或前景的企业，应推动优质资产或主营业务整体上市；三是暂时陷入财务困境，但仍具有经营规模、品牌价值和市场前景的企业，应引入战略投资者，深化产权制度改革，推动技术创新驱动，加快转型升级，激发企业活力；四是对产品没有市场、缺乏竞争力、长期亏损的企业，以市场机制为主、政策支持为辅，通过产权转让、清算注销等方式，实施关闭破产退出。

湖北省于2016年6月发布了《湖北省推动产业重组处置僵尸企业专项行动方案》，该方案结合湖北省实际情况，采取“停、帮、引、保、奖”五个方面的措施，建立健全企业市场化退出机制。“停”指的是要建立有利于把市场压力传导到僵尸企业的倒逼机制，停止对僵尸企业的财政补贴和续贷，建立银行债权处置机制，严格查处环境违法行为以及安全不达标企业等。“帮”是指要建立有利于解决企业市场化退出实际困难的支持机制。“引”是指要建立推动优势企业兼并重组僵尸企业的引导机制，通过制定优惠政策及措施推动僵尸企业重组步伐。“保”指的是建立有利于退出企业员工平稳安置的兜底机制，筹措职工安置资金，妥善处理好债务纠纷，建立银政企多方沟通协调机制，依法分类妥善处理职工劳动关系。“奖”则是建立有利于调动地方政府处置僵尸企业积极性的激励机制。

浙江省2016年6月底出台了《关于处置“僵尸企业”的指导意见》，结合各地实际，联合开展分类评估，把僵尸企业分为四类：一是兼并重组类；二是债务重组类，建立债权人会商制度，发挥金融资产管理公司等作用，通过担保替换、平移代偿等方式，推动僵尸企业债务重组；三是破产重整类，维护核心商业渠道和大部分职工就业；四是破产清算类，各级政府应停止财政补贴和政府保护，加快银行不良贷款处置，实行简易破产程序加快破产清算。

5.1.2 国外僵尸企业处置方式

(1) 日本

日本是僵尸企业问题较为突出的国家之一，20世纪80年代和90年代僵尸企业的存在及蔓延沉重打击了日本经济，使日本经济出现了“失去的十年”。20世纪80年代末期，日本市场过度投资、盲目扩张，加剧了产能过剩，90年代初期，日本资本市场泡沫全面破灭，股票市场及商业用地价格大幅下跌，许多企业丧失盈利能力，债务水平激增，银行系统的抵押物价值也严重受损（Caballero等，2008；林婷和王玮思，2015）。但是，日本政府针对股市和楼市暴跌导致的银行不良债权激增现象并未及时采取有效的措施，央行实行超宽松货币政策，对僵尸企业无法偿还贷款且在破产后继续经营等问题持支持态度，并未强制关闭或重组僵尸企业和僵尸银行（高美慧，2017）。相关举措造成了僵尸企业问题的恶化与爆发，大批本应被市场淘汰的僵尸企业在银行等金融机构的帮助下继续存活并逐渐蔓延，大量银行和金融机构在僵尸企业的影响下倒闭和破产，日本金融体系出现剧烈震荡，日本经济增速放缓、长期陷入低迷甚至停滞。1996 年，日本政府意识到问题的严重性，利用财政资金积极引导改革，出台相关政策，但收效甚微。2001 年和 2002 年，日本政府先后颁发了《关于今后的经济财政运行及经济社会结构改革基本方针》和《反通货紧缩综合对策》，并于 2003 年成立了日本产业再生机构，正式通过了《产业再生机构法》，旨在救助濒危的企业、加速处置银行不良资产、实现产业重振，该法案对企业重建、经营资源融合与再利用、资源生产性改革等方面均作出了相关规定，对于僵尸企业及银行不良资产的处置起到了一定的作用，对日本经济的恢复起到了一定的作用（熊兵，2016）。

（2）美国

1978 年，美国国会通过了《航空业去管制法案》，将航空运输业推向市场，航空业由限制竞争转变为鼓励竞争，航空业市场竞争日益激烈，随着油价上涨，许多航空公司出现严重亏损，无力偿还巨额债务，纷纷申请破产保护，僵尸企业问题随之产生。针对该问题，美国政府采取了一系列破产保护措施，允许“僵尸化”的航空公司继续运营，保护措施并未达到预期效果，反而加剧了亏损情况，航空业长期陷于低迷困境中，最终拖垮了整个行业（高美慧，2017）。2008 年全球金融危机过后，僵尸企业进一步蔓延到金融业、汽车业以及房地产业等行业，美国部分企业和家庭不良资产迅速增加，企业、城市和个人破产接连出现，金融体系面临崩溃的危险，政府出台了《2008年经济紧急稳定法案》，开始实施《不良资产救助计划》，其中就包括了对当时处于困境中的汽车业企业的资助。美国政府一方面对扭亏无望的企业，采取放任态度，使其通过破产重整实现再生或者通过破产清算退出市场；另一方面对于短期融资渠道受到冲击但核心业务仍具有拯救价值的僵尸企业实施政府救助，帮助其进行破产重组。救助计划与美国破产法重整制度的良好配合使通用公司等美国汽车业巨头得以重生（熊兵，2016）。

5.2　僵尸企业分类处置机理

机理是指为了实现某特定功能，系统结构中各要素的内在工作方式以及各要素在一定环境条件下相互联系、相互作用的运行规则和原理。面对僵尸企业对社会经济带来的严重后果，积极化解产能过剩、推进供给侧结构性改革、大力推动僵尸企业的分类处置成为国家工作的重点内容。现有文献对僵尸企业处置对策及方法的研究大多集中于概括性分析层面，关于僵尸企业的分类处置研究主要是从定性角度加以展开，较少有研究将僵尸企业的实际数据与定性分析相结合，提出具有量化标准的僵尸企业分类依据，在僵尸企业分类与处置的相互联系以及分类处置机制方面的研究具有较大的探索空间。

本节基于第四章构建的僵尸企业僵化指数，对影响僵尸企业分类的僵化指数维度和僵尸状态持续期维度加以分析，形成僵尸企业综合分类标准，将上市公司僵尸企业划分为轻度僵化、中度僵化和重度僵化三大类，结合各类别僵尸企业数据特点，分别提出适当的处置策略，揭示僵尸企业分类处置的内在机理，为后续建立综合长效的处置机制奠定基础。

5.2.1 僵尸企业分类标准

本书构建的僵尸企业僵化指数由基础财务指标、公司治理指标以及外部资金依赖度指标组成，通过对僵尸企业财务经营状况、公司治理水平以及外部资金依赖度的综合考察，较为全面地反映了僵尸企业财务经营情况恶化、造血能力低下甚至丧失、债务负担重以及严重依赖信贷补贴和政府补助等特征，衡量了某一时期僵尸企业的僵化程度，僵化指数越高，僵尸企业该时期的僵化程度越高，运用该指数可以对同一时期僵化企业的僵化程度进行横向比较，有助于政府、企业及利益相关者掌握该时期证券市场僵尸企业的严重程度及蔓延情况，明确各僵尸企业的具体僵化程度，是僵尸企业综合分类的依据之一。

除僵化指数外，僵尸企业僵尸状态持续时间长短同样影响到僵尸企业的僵化程度。部分企业在短期内受到宏观经济环境和市场经济形势等因素的冲击恶化为僵尸企业，随着经济形势的好转、企业战略调整以及资产重组重整等策略的选择，逐步摆脱僵尸状态，使该类企业具有较短的僵尸持续期，综合僵化程度相对较低。但是，还有一部分僵尸企业长时间未能摆脱僵尸状态，财务经营状况难以改善，持续多年借助外部资金勉强存活，对于这类僵尸企业而言，尽管各时期僵化指数值与同期僵尸企业相比未达到较高水平，但较长的僵尸持续期充分说明企业已经丧失活力，对于外界依赖程度极高，僵化程度明显比僵尸持续期短的僵尸企业更深。因此，僵尸持续期是僵尸企业综合分类的另一个重要依据。

综上所述，僵尸企业分类的核心依据为企业的综合僵化程度，影响僵化程度的因素包括某一时期僵尸企业的僵化指数以及企业僵尸状态持续时间的长短，通过对两个因素的综合分析与比较，形成衡量僵尸企业综合僵化程度的两维度分类标准。

僵化指数维度是衡量某一时期僵尸企业僵化程度的重要标准，根据计算得到的僵化指数可将同一时期僵尸企业的僵化程度进行排列，对不同的僵尸企业进行横向比较。僵尸状态持续期维度以企业处于僵尸状态所持续的时间长短为标准，参考企业经营及战略规划的划分方法，将僵尸状态持续期划分为短期、中期和长期三个时间段。企业长期经营计划是对五年及五年以上经营活动的长远规划，是企业指引生产经营工作、确定战略发展方向的重要内容；中期经营计划是对企业长期计划与战略规划的具体落实，为实现长远经营计划所确定的战略目标设计合理的设备、人员、资金等结构，起着承上启下的重要纽带作用，通常期限为二年至五年；企业短期生产经营计划则是企业为了实现经营目标，组织和安排好企业短期经济活动的年度计划，一般以一年时间为期限。企业的经营计划是企业围绕市场，为实现自身经营目标而进行的具体规划、安排和组织实施的一系列管理活动，对于僵尸企业而言，企业经营计划是管理层制定的应对财务和经营困境、摆脱僵尸状态的方案和策略，企业的僵尸状态持续期在一定程度上反映了企业应对风险及困难的成效。若企业通过调整短期经营计划，积极应对市场环境变化，采取适当措施解决生产经营问题，顺利摆脱僵尸状态，表明该企业的僵化程度相对较低；反之，若企业的僵尸状态持续多年，经营计划一直未能起到积极作用，则说明该企业僵化程度较深。因此，参考企业经营计划的时间划分标准，考虑到企业短期经营计划对缓解僵尸问题存在一定的滞后性，本书将僵尸状态持续期的短期、中期和长期期限设定为一年至两年、三年至五年和五年及以上。

综合上述两个维度，根据僵尸企业的僵化指数和僵尸状态持续期得到僵尸企业的综合分类标准，具体类别划分如表5－1和图5－2所示。若僵尸企业的僵尸状态持续期在两年及以下并且各时期僵化指数属于中低水平，则该企业属于轻度僵化的僵尸企业，若僵化指数在各时期均达到较高水平则属于中度僵化；僵尸持续期在三年至五年内且各时期僵尸企业的僵化指数位于中低水平的僵尸企业为中度僵化，对于各时期平均僵化指数属于高水平的僵尸企业则认定为重度僵化；一旦僵尸企业维持僵尸状态达到五年以上，在很大程度上说明该企业几乎丧失活力，对于外界资金依赖程度极高，应将其认定为重度僵化的僵尸企业，其中，若各时期僵化指数平均处于较低水平，则可视情况将其归为中度僵化类别中。

表5－1　　僵尸企业分类标准

	僵化指数等级		
僵尸状态持续期	僵化指数低	僵化指数中	僵化指数高
短期（一年至两年）	轻度僵化	轻度僵化	中度僵化
中期（三年至五年）	中度僵化	中度僵化	中度/重度僵化
长期（五年及以上）	中度/重度僵化	重度僵化	重度僵化

上述僵尸企业分类方法充分结合了不同时期宏观经济环境和行业发展水平的差异以及各上市公司在不同时期的自身经营情况，反映了僵尸企业的综合僵化程度，通过多角度、多方面地对僵尸企业进行分类，可为后文有针对性地提出适合不同类别僵尸企业的处置

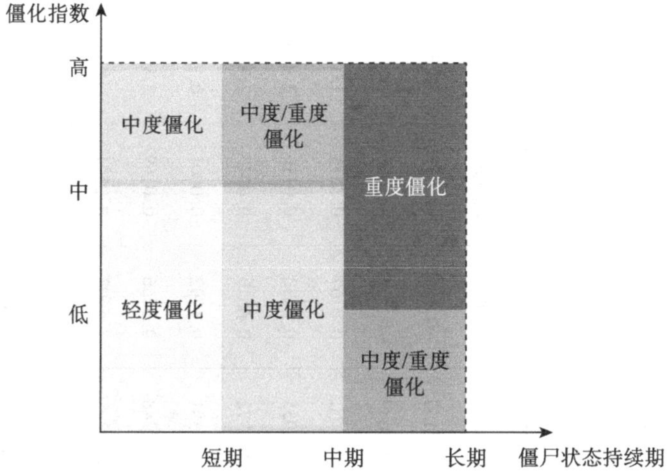

图5－2　僵尸企业分类标准

方法提供依据。

5.2.2　僵尸企业分类数据统计分析

2010—2017年，我国A股非金融行业上市公司中符合本书僵尸企业识别标准的公司—年度观测值共有1 924个，僵尸企业公司个数为661个。按照本节提出的僵尸企业分类标准对661家僵尸企业进行分类，同时结合构成僵化指数的基础财务指标、公司治理指标以及对外资金依赖度指标数据，可得到轻度僵化、中度僵化和重度僵化僵尸企业的指标统计结果及指标均值差异，如表5－2和表5－3所示。

由表5－2和表5－3可知，三类僵尸企业的盈利能力指标均值几乎均为负数，造血能力均比较差，中度僵化的僵尸企业盈利能力指标均值比轻度僵化的僵尸企业更低，且营业净利率（*NPM*）均

表 5－2　轻度僵化、中度僵化与重度僵化僵尸企业的指标统计结果

	轻度僵化			中度僵化			重度僵化		
企业个数	341			225			95		
	均值	最小值	最大值	均值	最小值	最大值	均值	最小值	最大值
ROA	－0. 0196	－0. 7495	1. 4748	－0. 0652	－14. 583	0. 6813	0. 0006	－0. 5951	0. 5003
NPTA	－0. 0377	－0. 8421	1. 2841	－0. 0863	－14. 586	0. 6691	－0. 0269	－0. 6850	0. 3989
ROE	－0. 0603	－5. 7766	9. 3969	－0. 4510	－60. 153	8. 7150	－0. 1896	－7. 0158	3. 8384
NPM	－0. 1798	－7. 8369	1. 2682	－11. 9982	－2637. 7	3. 2089	－0. 2377	－7. 5660	1. 5040
LEV	0. 6700	0. 3020	3. 9304	1. 0914	0. 3792	63. 9712	0. 8757	0. 3271	12. 127
CURRENT	1. 1270	0. 0187	4. 7093	0. 9758	0. 0025	3. 1055	0. 8630	0. 0110	2. 8767
QUICK	0. 7565	0. 0151	3. 9621	0. 6608	0. 0025	1. 8772	0. 6019	0. 0047	2. 8767
CASH	0. 2459	0. 0001	1. 9787	0. 2050	0. 0004	1. 0581	0. 1792	0. 0001	0. 7596
TATN	0. 5685	0. 0129	4. 7794	0. 6049	0. 0003	9. 2248	0. 5656	0. 0169	2. 9646
IVTN	7. 4966	－0. 0038	196. 714	38. 668	0. 0085	5 882. 56	7. 6603	0. 0541	118. 043
RCTN	67. 733	0. 3582	5 292. 33	40. 879	0. 1445	2 245. 38	22. 314	0. 2559	300. 612
NCATN	6. 9122	0. 2029	423. 385	9. 8368	0. 0036	476. 537	4. 0448	0. 1421	103. 407
TAGROW	0. 0472	－0. 9090	3. 4158	0. 0457	－0. 8297	3. 7579	－0. 0195	－0. 0972	4. 3096

续表

	轻度僵化			中度僵化			重度僵化		
企业个数	341			225			95		
	均值	最小值	最大值	均值	最小值	最大值	均值	最小值	最大值
EGROW	0. 0146	-3. 7230	11. 2609	-0. 2779	-35. 331	10. 0593	-0. 0223	-12. 842	13. 3941
NPGROW	-1. 6697	-195. 114	505. 8035	-2. 1502	-195. 78	30. 4786	-1. 0044	-35. 696	28. 093
RGROW	0. 7397	-0. 8764	82. 6926	0. 3971	-0. 9997	43. 3611	0. 0594	-0. 9005	3. 3832
OCFTA	0. 0259	-0. 7617	0. 4756	0. 0145	-0. 9959	0. 2495	-0. 0226	-1. 6863	0. 1862
OCFTL	0. 0431	-0. 8406	0. 7297	0. 0396	-0. 9018	0. 3801	0. 0005	-0. 4322	0. 3428
OCFCL	0. 0597	-2. 1883	1. 3997	0. 0519	-1. 8222	0. 6123	-0. 0438	-4. 8692	0. 3890
OCFPER	0. 2777	-2. 6204	6. 8243	0. 2605	-10. 087	5. 8597	0. 0380	-3. 0332	2. 2846
*TOP*1	0. 3258	0. 0565	0. 8492	0. 3113	0. 0470	0. 7695	0. 3056	0. 0661	0. 6425
SALARY	14. 0238	12. 0317	17. 0105	14. 0485	12. 0436	16. 3269	13. 9489	11. 9576	16. 0377
BCTA	0. 2762	0	2. 2068	0. 3325	0	2. 2155	0. 3847	0	7. 8131
GGNP	0. 3300	-12. 4272	9. 7487	1. 2254	-1. 7481	143. 4578	0. 4719	-17. 322	14. 9346

表 5 - 3　轻度僵化、中度僵化与重度僵化僵尸企业的指标均值差异比较

指标类别	指标变量	均值差异		
		轻度与中度	轻度与重度	中度与重度
盈利能力	*ROA*	0.0456	-0.0202	-0.0659
	NPTA	0.0487	-0.0107	-0.0594
	ROE	0.3907	0.1293	0.2614
	NPM	11.8184	0.0579	-11.7605
偿债能力	*LEV*	-0.4214*	-0.2057***	0.2157
	CURRENT	0.1513***	0.2641***	0.1128*
	QUICK	0.0957**	0.1546***	0.0589
	CASH	0.0409**	0.0667**	0.0258
营运能力	*TATN*	-0.0364	0.0029	0.0394
	IVTN	-31.1708	-0.1637	31.0072
	RCTN	26.8538	45.4186	18.5648
	NCATN	-2.9245	2.8675	5.7920
发展能力	*TAGROW*	0.0015	0.0666	0.0652
	EGROW	0.2926	0.0370	-0.2556
	NPGROW	0.4805	-0.6653	-1.1458
	RGROW	0.3426	0.6803	0.3377
现金流水平	*OCFTA*	0.0114	0.0486***	0.0372**
	OCFTL	0.0035	0.0425**	0.0391**
	OCFCL	0.0078	0.1034***	0.0957**
	OCFPER	0.0172	0.2397**	0.2225
公司治理	*TOP1*	0.0145	0.0202	0.0058
	SALARY	-0.0247	0.0749	0.0996
外部资金依赖度	*BCTA*	-0.0563**	-0.1085**	-0.0522
	GGNP	-0.8953*	-0.1418	0.7535

注：*、**、*** 分别表示在 10%、5% 和 1% 的水平下显著。

值达到 -11.9982，表明该组僵尸企业营业收入创造净利润的能力极差，几乎丧失了企业销售的获利能力，但三类僵尸企业的盈利指标均值差异并不显著。偿债能力指标中，资产负债率（*LEV*）在两个时间段僵化指数计算时均占最大权重，轻度僵化僵尸企业的资产负债率（*LEV*）均值显著低于中度僵化和重度僵化僵尸企业，债务负担相对较轻；僵尸企业的综合僵化程度越高，流动比率（*CURRENT*）、速动比率（*QUICK*）和现金比率（*CASH*）的均值越低，且三组僵尸企业的均值差异较为显著，上述结果表明僵化程度高的僵尸企业偿债能力更差，资产流动性和变现能力更弱。反映营运能力的四个财务指标在计算僵化指数时所占的权重较小，在三类僵尸企业中的均值差异并不显著。发展能力方面，僵尸企业的僵化程度越高，总资产增长率（*TAGROW*）和主营业务收入增长率（*RGROW*）均值越低，且轻度僵化僵尸企业的净资产增长率（*EGROW*）均值低于中度和重度僵化的僵尸企业，在一定程度上说明僵尸企业僵化程度越严重，发展潜力越小。反映现金流水平的四个指标均值在三类僵尸企业中具有较显著的差异，僵尸企业僵化程度越高，现金流指标均值显著更低，现金流水平更差，资产变现和债务清偿等能力更差。重度僵化僵尸企业的公司治理指标均值低于中度僵化与轻度僵化的僵尸企业，其借款现金总资产比（*BCTA*）均值则高于僵化程度较低的两组僵尸企业，表明该类僵尸企业对银行等金融机构的资金依赖程度相对更高。

5.2.3　僵尸企业分类处置机理总结

通过对轻度僵化、中度僵化和重度僵化僵尸企业各指标数据的统计分析可知，本书构建的僵尸企业僵化指数以及根据僵化指数和僵尸状态持续期形成的僵尸企业分类标准较好地捕捉了不同类别僵尸企业的数据特点，反映了僵尸企业的综合僵化程度，运用该方法对僵尸企业进行分类具有一定的科学性和合理性。本书在僵尸企业分类标准的基础上，结合各类别僵尸企业的数据特点，进一步归纳出僵尸企业的分类处置机理，即僵尸企业僵化指数、僵尸状态持续期、僵尸企业综合僵化程度、僵尸企业分类标准以及分类处置策略之间的相互关系（见图5－3）。具体而言，根据僵尸企业的僵化指数可以判断某时段僵尸企业的僵化程度，按照僵化指数大小将僵尸企业分为低、中、高三个小组，同时参考企业经营及战略规划的划分方法，将僵尸状态持续期划分为短期、中期和长期三个时间段，综合考虑僵化指数与僵尸状态持续期两个维度，按照综合僵化程度将僵尸企业划分为轻度僵化、中度僵化和重度僵化三大类，结合各类别僵尸企业基础财务指标、公司治理指标以及外部资金依赖度指标的数据特点，提出适合各类别僵尸企业的处置策略。

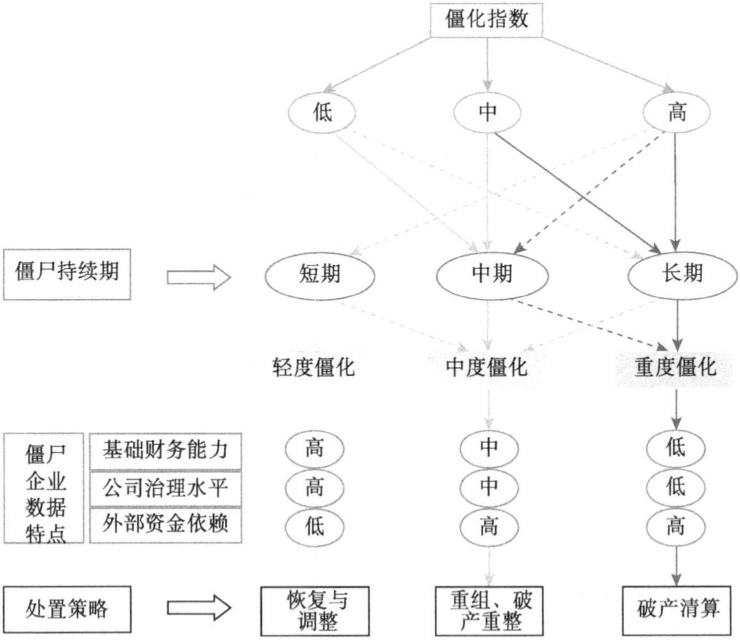

图5－3　僵尸企业分类处置机理

5.3　僵尸企业分类处置策略

5.3.1　轻度僵化的僵尸企业处置策略

（1）轻度僵化的僵尸企业处置策略简介

属于轻度僵化水平的僵尸企业虽然满足僵尸企业识别条件，但是相比于其他类别僵尸企业，这类僵尸企业的财务状况和经营管理水平相对较好，外部资金依赖度相对较低，整体僵化程度较低，大多受到市场经济环境和行业发展水平等因素影响，使得企业短期内财务状况恶化、资金流动出现问题。对于这类僵尸企业的处置，应以恢复和提高自身经营管理水平、改造和更新技术设备、及时调整和转变公司战略方向为主要策略，积极应对复杂的经济环境变化。对于所处行业发展水平受市场经济波动影响较大的企业，应更加重视对宏观经济环境和市场经济发展变化的预测和预警，在行业景气时未雨绸缪，做好资金储备，密切关注产品和原料价格走势，避免大肆举债、盲目扩张，提高危机意识，同时应增强企业经营业务的多元化和差异化，提高企业竞争力；在市场经济和行业发展萧条时期，紧跟国家宏观指导方向，及时调整经营战略和业务结构，压缩或者剔除盈利能力较差的业务，提高生存能力。

对于由于经营管理水平落后、无法应对市场环境变化而陷入财务困境，但产品仍有市场、通过提升管理水平有机会摆脱僵尸状态的僵尸企业而言，应全面加强企业成本、营销、质量和投资管理，积极挖掘企业发展潜力，推动经营管理水平的提高。对于因企业技术设备落后、产能效率和经济效益低下、市场竞争能力弱而陷入困境，但行业发展前景较好、企业仍具发展潜力和品牌价值的僵尸企业而言，应着重鼓励企业实施创新驱动，加大技术改造投入，推动技术创新、经营模式创新和战略管理创新，开发生产适销对路的高附加值产品，培育新业务、开拓新市场，加快转型升级，深化产权制度改革，引入战略投资者和实施员工持股，激发企业活力。

（2）轻度僵化僵尸企业处置案例分析

①W 公司案例分析。W 公司是 A 省第一批规范化改制的上市公司之一，主营电力生产和销售、节能及相关项目投资经营，是 W 集团旗下电力专业化管理公司。

2008 年经济危机发生后，煤炭市场受到较大冲击，煤炭价格飙升，电力行业亏损严重，2009 年国家实施宏观经济振兴计划，加大对相关行业的扶持与补助。从表 5 -4 中可以看到，W 公司 2009 年和 2010 年的净利润虽然为正，且盈利较为可观，但是 2009 年政府补助金额为 8 746.09 万元，2010 年政府补助金额为 1.10 亿元，政府补助金额占当年净利润的绝大份额，2011 年全国电力供需总体偏紧，电力消费处于平稳增长态势，受国家经济结构调整、节能减排等指标的约束和影响，电力需求旺盛，用电量增长较快，电煤价格上涨，电价调整严重滞后，火电企业经营形势非常严峻。受宏观经济环境以及行业竞争和发展的影响，燃料价格上涨，企业政府补助和投资收益都相对减少，公司净利润出现大幅下滑，公司 2011 年实现净亏损 9 082.02 万元，扣除政府补助和部分信贷补贴后 2009—2011 年的实际净利润均为负数，持续三年的亏损状态使该企业 2011 年财务数据满足本书提出的僵尸企业标准，被认定为僵尸企业，通过僵化指数模型计算得到的僵化指数为0.1190，位于该时间段（2010—2012年）全部僵尸企业样本的中下水平，属于轻度僵化的僵尸企业。

表5-4 W公司2009—2013年净利润情况

年份	公司实现净利润	政府补助	实际净利润
2009	1.11亿元	8 746.09万元	-281.87万元
2010	1.70亿元	1.10亿元	-2 087.2万元
2011	-9 082.02万元	6 032.21万元	-2.04亿元
2012	3.76亿元	158.83万元	4.70亿元
2013	18.98亿元	1 330.24万元	19.05亿元

2011—2012年电价的增长使得电力企业收入得到提升，煤炭等燃料价格出现明显下跌，降低了火电类企业的成本，因此电力行业利润大幅上涨，行业整体发展形势较好，W公司2012年实现净利润3.76亿元，2013年净利润更是达到了18.98亿元，从而得以摆脱僵尸状态。由于该企业僵化指数较低并且僵尸状态持续期较短，因此属于轻度僵化类别，2011年恶化为僵尸企业主要就是受到宏观经济环境以及行业竞争和发展的影响，随着企业外部经济环境和行业环境的好转，企业自身经营状况得到较大提升，自我恢复能力较强，由于企业所处行业受经济波动影响较大，企业应在日常生产经营活动中加强提高对宏观经济环境和市场经济发展变化情况的监控与预警，密切关注产品和原料价格走势，避免大肆举债、盲目扩张，提高危机意识。

②R公司的案例分析。2012年后，全球经济低迷，我国经济表现出自金融危机爆发以来的最低增速，国内各行业均受到不同程度的影响，装备制造业更是成为重灾区。在这一形势之下，R公司

也遭受严重冲击，该时期企业主要从事节能大功率电力电子设备的设计和制造业务，由于上游产业放缓，行业产能过剩，恶性竞争加剧，公司规模持续扩张，经营管理弊端凸显，企业经营业绩和发展态势受到严重影响，2012 年和 2013 年企业净利润大幅下降。在国内经济增速持续低迷的情况下，R 公司下游行业（如煤炭、冶金等）需求萎缩，公司订单减少；此外，受国家政策支持，电力电子高端设备生产制造行业涌入大量企业，市场竞争加剧，产能激增，R 公司主导产品的市场份额和毛利均有所下降；由于 R 公司新设子公司增加，产品研发投入较大，管理成本增加，销售费用、管理费用和财务费用居高不下，极大拖累了公司的业绩。受上述因素影响，R 公司 2014 年实现净亏损 2.73 亿元，相关数据符合本书提出的僵尸企业认定标准，被认定为僵尸企业，通过僵化指数模型计算得到的 2014 年僵化指数为 0.1023，位于该时间段（2013—2017 年）全部僵尸企业样本的中下水平。

R 公司的传统业务以制造业和国内市场为主，随着国家经济结构转型步伐的加快，电力电子设备制造业日益成熟、市场竞争不断加剧，公司业绩受到较大冲击，为了应对企业的财务经营危机，R 公司决定从传统制造业向现代智能制造业进行转型和融合。2015 年公司实施重大资产重组，收购 M 公司 100% 股权，其主营业务为移动互联网运营支撑服务业务，通过本次重大资产重组，公司实现双主业发展，公司整体盈利能力得到提高。同时，该公司通过优化和整合传统的电力电子设备制造业务，改革销售体系，关停转让不符合公司未来发展战略的子公司和事业部，优化产品设计，降低成本费用，推动公司未来可持续健康发展，使企业实现了传统产业和新兴产业的双轮驱动发展，进入快速发展时期，2015 年公司实现净利润1.06亿元，2016年和2017年的净利润分别达到了2.54亿元和2.48亿元，顺利摆脱僵尸状态。由于该企业2014年僵化指数较低并且僵尸状态持续期仅为一年，因此属于轻度僵化的僵尸企业，并且在财务经营陷入困境时及时调整经营战略和业务结构，通过资产重组培育新业务、开拓新市场，增强了企业经营业务的多元化和市场竞争力，恢复了企业的健康持续发展，为轻度僵化僵尸企业应对经营危机提供了参考。

5.3.2 中度僵化的僵尸企业处置策略

中度僵化的僵尸企业主要包括三类，一类是僵尸状态持续期较短（一年至两年）但各时期僵化指数较高、僵化程度较深的企业；第二类是各时期平均僵化指数位于中低水平，但是僵尸状态持续期属于中等水平（三年至五年），未能在短时间内采取有效措施摆脱僵尸状态的企业；第三类包括在中等水平的僵尸状态持续期间（三年至五年）平均各时期僵化指数处于较高范围的僵尸企业，或者保持较低僵化指数长达五年以上的僵尸企业，在这两种情况下应进一步结合僵尸企业的具体情况对僵化程度进行判断，视实际情况将僵尸企业归为中度僵化或者重度僵化。对于中度僵化的僵尸企业而言，企业的品牌价值和市场尚未完全丧失，仍具有一定价值，但是自身已经无法承担经营困难产生的相关问题，因此对于该类企业来说，处置方法应以救助为主，即通过重新安排企业债权债务或者重新调整权益结构，使企业得以重生、实现企业价值最大化。僵尸企业救助的主要经济手段包括兼并重组、债务重组等，情况较为严重的可以采用法律手段进行破产重整。

（1）企业重组及案例分析

广义的企业重组是对企业的资金、资产、劳动力、技术、管理等要素进行重新配置；而狭义的企业重组则是指企业为了实现资本的保值增值，通过资产重组、债务重组和产权重组等方式，对资产、负债和产权结构进行优化，充分利用现有资源，实现资源优化配置（贺志东，2005）。企业重组主要是针对企业产权关系和其他债务、资产及管理结构，实施企业改组、整顿与整合的过程，从而改善企业经营管理情况，提高市场竞争力，推动创新发展。企业重组的方式是多种多样的，可以分为以下几种：一是资本扩张，主要表现为合并、收购、上市扩股和合资等。其中，合并包括兼并和联合两种，兼并通常是指以现金、证券或其他形式投资购买取得其他企业的产权，使其他企业丧失法人资格或改变法人实体，并取得对这些企业决策控制权的投资行为；联合则是指两个或两个以上公司合并设立一个新的公司，合并各方的法人实体地位消失。二是资本收缩，包括资产剥离或资产出售、公司分立和股票回购等方式。三是资本重整，包括改组改制、股权置换或资产置换、管理层收购、职工持股基金等方式。四是表外资本经营，即改变控制权但不在报表上反映的行为，包括托管、战略联盟等形式。若按照重组的内容，则可以分为产权重组、产业重组、组织结构重组、管理重组和债务重组等。上述重组方式中最为常见的是兼并重组、收购重组和债务重组，是针对仍有价值和市场的轻度或中度僵化僵尸企业的重要处置方法。

①并购重组。并购重组是指企业之间的兼并、收购和资产的重新整合。企业在生产经营过程中为了实现获取协同效应或者流动性溢价等发展目的，从而展开的收购、置换和重新整合企业股权、资

产和负债等活动，是非常重要的企业经营战略行为。随着我国证券市场发展速度的加快，上市公司不断寻求新的盈利增长途径，并购重组是非常有效的发展战略之一，更是解决僵尸企业问题的重要方式。采取并购重组解决僵尸企业问题的前提是僵尸企业现有资产和资源仍具有一定价值，并且对于并购主体来说，将资源与资产整合用以提升企业经营效益仍具有一定空间。低成本的并购使并购主体获得了企业发展所需要的资源或资产，而对于僵尸企业而言，通过并入并购主体成为其新的子公司或分公司，不仅可以较为有效地解决自身经营困难问题，还可以妥善处理好员工安置等问题。

并购重组是一种市场行为，从不同的角度分析会产生不同的划分标准，以我国证监会并购重组审核委员会审核的并购重组类型为例，并购重组可以分为发行股份购买资产、吸收合并和资产重组等。发行股份购买资产是上市公司并购重组最普遍的类型，上市公司向股东或者其他对象发行股份购买目标公司的全部产权或部分产权。通过并购重组，购买的产权将会转移至并购方，股东或者其他对象将会获得上市公司的股票。在购买资产的支付方式上，可以采用全部发行股份，或者采用部分现金支付、部分发行股份等方式进行支付。若上市公司购买了目标公司的全部产权，那么目标企业在并购重组完成后将作为上市公司的子公司进行管理。上市公司并购重组中的吸收合并是指并购方和目标企业合并后，吸收目标企业，取得目标企业原有的资产和负债，目标企业被注销法人资格。其中，换股吸收合并是吸收合并的一种重要方式，通过该方式上市公司在进行合并时可采用换股的方法支付对价，无需通过现金支付，避免大量现金流出影响企业正常运营，是我国许多上市公司进行并购重组时选择的类型。

资产重组是对资产的重新整合，包括企业自身的资产之间或者不同企业之间的资产通过交易达到优化配置的目的。上市公司的资产重组是指上市公司及其控股或者控制的公司在日常经营活动之外购买、出售资产或者通过其他方式进行资产交易，导致上市公司的主营业务、资产以及收入发生变化的资产交易行为。资产交易的形式包括资产购买、出售或者置换，当资产交易达到一定比例时可构成重大资产重组。资产置换是一种特殊形式，上市公司可将自身部分资产与其他公司的优质资产进行交换，通过资产置换将本公司无效资产或者低盈利能力的资产转出，实现资产的优化配置。为了规范上市公司重大资产重组行为，保护上市公司和投资者的合法权益，提高上市公司质量，维护证券市场秩序和社会公共利益，证监会按照《公司法》《证券法》等法律法规的规定，于 2014 年 10 月发布了《上市公司重大资产重组管理办法》，规范了上市公司重大资产重组行为。

《国务院关于促进企业兼并重组的意见》提出，要支持企业利用资本市场开展兼并重组，促进行业整合和产业升级，提高兼并重组效率。2015 年中央经济工作会议明确提出对于僵尸企业的处置，应当采用“尽可能多兼并重组、少破产清算”的稳妥治理方式。由此可见，对于中度僵化的僵尸企业而言，并购重组是搞活企业、盘活资产的有效途径。

②债务重组。债务重组是指在债务人发生财务困难的情况下，债权人按照其与债务人达成的协议或者法院的裁定作出让步的事项。我国财政部于 1998 年发布了《企业会计准则——债务重组》准则，2001 年对该准则进行了修订，对债务重组的计量及入账方式进行了修改。2006 年财政部进一步对各项会计准则进行了全面

梳理和修订，加强了与国际会计准则的趋同度，构建起一套较为完善的企业会计准则体系。其中，《企业会计准则第12号——债务重组》对企业的债务重组确认、计量以及披露等内容进行了修订与完善（李传宪，2014）。

对于陷入财务困境的僵尸企业而言，债权人与债务人可以通过债务重组达成协议，通过以资产清偿债务、将债务转化为资本、修改其他债务条件以及以上三种方式搭配组合等方式进行重组。以资产清偿债务包括现金资产清偿和非现金资产清偿两种形式，债务人将资产所有权折价转让给债权人，债权人可以收回债权，以现金清偿债务的债权人将重组债权的账面余额与收到的现金之间的差额计入当期损益，而非现金资产应以公允价值入账，公允价值与账面价值的差额可计入当期损益，通过该方法债权人可避免产生大量坏账，给予债务人持续经营的机会，期待债务人经营状况的好转。将债务转化为资本是将借贷关系转化为权益关系，债务人将债务转为资本，债权人则将债权转换为股权，以股份的公允价值入账，与账面余额的差额计入当期损益，债权人成为公司股东，行使监督管理的权利，盘活公司的不良资产。修改其他债务条件是指通过利息豁免、债务展期、部分债务免除等方式对原有债务进行调整，是我国公司债务重组的常见方式。除此之外，企业可将债务重组进行划分，同时采取资产清偿、债务转资本等方式进行债务重组。

通过债务重组的方式及会计处理可知，债务重组不会对债权人的利润表产生重大负面影响，反而可以在一定程度上优化其资产负债表，冲销无法收回的“问题债权”，优化资产结构，在一定程度上降低债权人的损失，加速资金周转，若债权人为银行，债务重组则有利于降低银行的不良贷款率，保护债权人的利益。同时，债务人通过债务重组对企业的经营结构和公司治理结构进行调整，避免破产清算，实现企业持续经营，因此是仍然具有发展前景和价值的轻度或中度僵化的僵尸企业可以采取的处置方式。

③托管经营。托管经营是另外一种处置中度僵化僵尸企业的方式。托管经营是指出资者或其代表在所有权不变的条件下，以契约形式在一定时期内将企业的法人财产权，部分或全部让渡给另一家法人或自然人经营，通过契约形式，受托方有条件地接受管理和经营委托方的资产，以有效实现资产的保值增值（王玉武和李建设，2011）。企业通过托管经营，可引入科学的管理手段和经营机制、科技成果以及优势品牌等，对企业实施有效管理，托管经营过程中的受托方则凭借自身的管理和资金优势获取一定的经济回报。该方式适用于一些产品、技术设备及人员老化，缺乏市场竞争力，经营恶化、濒临破产、债务负担严重的僵尸企业，还适用于一些暂时能够维持运转但经营管理已经出现严重问题，企业所有者不愿意放弃企业所有权的企业。由于托管经营的方式并不改变企业产权归属，同时可开展企业资产的重组和流动，在一定程度上回避了企业破产、并购中的部分操作难点和问题，是处置中度僵化僵尸企业的手段之一。

④案例分析：

第一，A 公司案例分析。

A 公司是 G 市国有资产管理体制改革后首批成立的授权国有资产经营管理的集团公司之一，属于钢铁行业国有控股公司，公司 2008—2014 年盈利情况如表 5－5 所示。该公司主营钢铁制造相关业务，受国际金融危机的影响，钢铁市场形势严重恶化，生产经营难度加大，该公司2008年主营业务出现较大亏损，共实现净亏损9.68亿元，虽然采取了积极措施，实施“灵活应变、谨慎经营、效益优先”的生产经营策略，使得2009年实现净利润3 627.81万元，但是钢材市场仍处于低迷阶段，钢铁行业维持高库存、高成本和低利润的运行格局。2009年第四季度受到亚运会的影响，公司生产经营服从于亚运会大局，限产减排，生产系统受阻时间前后达70多天，生产系统长期处于不饱和运转状态，经济效益受到较大的影响，2010年净亏损9 831.45万元，企业财务情况符合本书僵尸企业认定标准，2010年被认定为僵尸企业，僵化指数为0.1552，在该时间段（2010—2012年）属于中等偏高水平。2011年受国内外经营环境影响，钢铁行业持续不景气，特别是9月中旬之后，国内建筑钢材价格大幅度跳水，而铁矿石价格与钢材价格下滑不同步，公司利润空间严重被挤压，并且自身资金短缺制约了公司生产经营，导致公司在采购及销售方面缺乏灵活性，进一步影响了经济效益，2011年净亏损达到6.89亿元，连续两年亏损，存在退市风险，仍旧处于僵尸状态，2011年僵化指数为0.1749，比2010年的僵化程度有所加重，僵化程度仍高于同时期僵尸企业的平均水平。2011年1月，A公司发布重大资产重组预案，拟将公司现有资产负债及业务全部剥离，并注入G集团电梯资产，重组完成后A公司将转型成以电梯整机制造、电梯零部件生产及物流服务为主业的企业。由于A公司本身受产业发展低迷、原材料成本大幅增加等原因影响，深陷财务困境，并且主业遭受关停，因此保证存续经营、加快转型迫在眉睫，需要通过资产重组借助资本平台解决经营发展问题。2012年，经证监会批准后，该公司重大资产重组实施完毕，成功实现主营业务转型，从钢铁制造企业成功转型为以电梯整机制造、电梯零部件生产及物流服务为主业的电梯制造与服务企业，公司的股东结构、资产、业务等也发生了彻底改变，G集团成为控股股东，业绩明显改善，盈利能力增强，实现净利润4.57亿元，但是需要特别注意的是，2012年政府补助金额达到了4.24亿元，信贷补贴4 741.79万元，扣除信贷补贴和政府补助后的实际净利润为-1 463.99万元，因此仍然未能摆脱僵尸状态，2012年僵化指数为0.0971，僵化程度有所下降，位于该时间段全部僵尸企业样本的较低水平。2013年面对严峻的宏观经济形势，公司继续开拓市场，贯彻“一业为主，向相关多元发展”的战略方针，提升研发实力，加强企业内部管理，推动公司电梯、零部件及关联产业的规模化发展，企业整体经营业绩实现稳步增长。实现净利润8.77亿元，扣除3.87亿元的政府补助后，实际净利润仍较为可观，受2011年和2012年的业绩影响，2013年虽然尚未摆脱僵尸状态，但僵化指数降低至0.0743，处于该时间段僵尸企业样本的极低水平，2014年实现净利润6.91亿元，成功脱离僵尸状态。

表5-5　　　　A公司财务情况

年份	公司实现净利润	政府补助金额
2008	-9.68亿元	218.24万元
2009	3 627.81万元	212.77万元
2010	9 831.45万元	167.35万元
2011	-6.89亿元	941.32万元
2012	4.57亿元	4.24亿元
2013	8.77亿元	3.87亿元
2014	6.91亿元	936.61万元

第二，J公司案例分析。

J公司2001年7月在上海证券交易所上市挂牌交易。但上市不足半年，公司第一大股东发生变更。2003年因连续两年亏损，被实施退市风险警示，2004年摘星后，2005—2006年又出现连续两年亏损，2007年通过债务豁免和利息减免的方式进行债务重组，具体包括：X集团免除部分债务1 500万元，J银行S分行免除利息989万元，G银行J支行免除利息488万元，总债务及利息豁免金额为2 977万元。按照相关规定，J公司将2 977万元确认为债务重组收益，计入营业外收入，该年度营业利润为－2 589万元，债务重组收益使企业2007年扭亏为赢。作为J公司的最大股东，X集团拟通过定向增发将其所持有的房地产资产注入J公司，以实现借壳上市的目标，该计划被披露后一度导致J公司在2007年7月9日至8月底出现了震惊市场的连续42个涨停，创造了中国证券市场有史以来的涨停次数之最，股价从4.16元飙升至26.58元，中期涨幅可谓惊人。但是该项注资重组计划由于拟注入资产质量被市场质疑，房地产融资叫停，重组计划被无限期推迟，直至流产，其股价也从26元开始一路下跌。

2008年，公司与B公司经人民法院调节后达成协议，以股权偿还债务的方法，J公司将其拥有的S公司长期股权投资转让给B公司用于偿还295.12万元的债务，对于剩余的150.52万元B公司给予免除，此次以资产偿还债务的重组获利231.3万元，但是仍然无法改变J公司亏损的情况，2008年企业净亏损－2 686.3万元。2009年J公司一共进行了三次债务重组，均以利息减免的方式进行，债务重组为其带来了1 432.03万元的营业外收入，实现净利润205.64万元。随后2010—2012年，J公司连续三年出现净亏损，资产负债率更是持续飙升，2012 年甚至达到 12.1274 的极高水平，僵尸状态因此一直持续，2010 年的僵化指数为 0.2646，为该时间段（2010—2012 年）僵化指数排名的第七位，2011 年僵化指数为0.2860，上升到第六位，2012 年僵化指数增长到0.3412，排名提升至第四位，僵化程度逐渐加深。面对如此糟糕的经营状况，J 公司在 2012 年 12 月与其债权人 Z 公司签署了《债务重组协议》，用现金偿还 Z 公司 1 500 万元的债务，并获得了 1 809.31 万元的债务豁免，使得当年 J 公司的净资产增加了 650.43 万元。由于 2010—2012 年连续三年亏损，2013 年 5 月 14 日起暂停公司股票上市，J 公司继续选择通过债务豁免的方法进行重组，得到 2 040 万元的债务豁免，计入营业外收入后使得 2013 年实现净利润 2 633.74 万元，企业负债由 2012 年的2.87 亿元下降到9 739 万元，资产负债率从 12.1274 骤降至 0.8714，于 2014 年 8 月恢复上市交易，逐渐脱离僵尸状态，J 公司 2006—2014 年盈利情况如表 5 -6 所示。

表 5 -6　　　　J 公司财务情况

年份	公司实现净利润	资产负债率
2007	596.66 万元	3.8728
2008	-2 686.3 万元	6.9487
2009	205.64 万元	7.1799
2010	-1 648.96 万元	7.8724
2011	-2 229.41 万元	9.2897
2012	-1 653.21 万元	12.1274
2013	2 633.74 万元	0.8714
2014	4 023.65 万元	0.7631

(2）破产重整及案例分析

①破产重整简介。破产重整指当企业因财务困难已具有破产原因或有破产之虞而又有复兴的可能时，为防止其破产，由利害关系人申请，经法院裁定，对其实施强制治理，使其得以维持和再生的法律制度（栾甫贵，2011)。其基本目的是挽救那些仍然具有市场竞争力但陷入财务困境的企业（许德风，2015)，最大限度保护重整企业各利益主体的权益，进而实现社会利益的最大化。若企业资产不足以清偿全部债务、明显缺乏清偿能力或者有明显丧失清偿能力可能的，可以根据《企业破产法》的规定进行重整。若债权人申请对债务人进行破产清算，债务人在人民法院受理破产申请后、宣告债务人破产前，可以向人民法院申请破产重整。

对于僵化程度较高的僵尸企业而言，僵尸企业的破产债权清偿主要追求破产债权的实质性公平，破产财产的公平清偿并非主要目的，核心目的则是实现企业再生。重整程序使得债权人与债务人以及债权人之间的权益冲突在一定程度上得到缓解，降低对僵尸企业和关联公司的连带影响，保护企业职工安全，维护社会稳定。破产重整程序一经启动，担保债权人对债务人特定财产享有的优先受偿权便受到限制。若重整成功，债权人、股东、职工等各利益主体的利益将得到保障，若重整失败，担保债权人将承担最大损失。因此，担保债权人更希望通过破产清算程序，出售担保物使其享有的担保债权有保障地受到清偿。股东、普通债权人、职工则支持破产重整程序，通过重整程序企业可以继续经营，股东从企业运营中获取利益，增加未来获得利益分配的希望，职工则可以继续保留其目前的工作岗位和福利待遇（任风雷，2017)。破产重整是法治化处置僵尸企业、解决社会各利益主体、促进企业转型和经济发展的主要方法之一，是中度僵化或者重度僵化的僵尸企业寻求救助和再生机会的重要处置手段。

②案例分析。C公司2006年以拥有的石化资产和相关负债与H公司拥有的干散货运输资产和相关负债进行置换，置换后公司的经营范围发生了变更，主要包括国际船舶普通货物运输，国内沿海、内河普通货船及集装箱班轮内支线运输，船舶租赁、销售、维修及技术开发，高新科技产品研制、开发及应用等。航运业是高投入的资本密集型行业，宏观经济环境及周期对航运市场需求具有较大影响，新船建造由于周期长、成本高，对市场变化的反应和调整速度较慢，因此航运业供给与需求的变化具有一定的不确定性，运价变动幅度较大。受金融危机的影响，国际贸易下滑，航运行业的业绩受到较大冲击，而C公司在该阶段投资规模较大，负债水平持续增高，但由于运单不足，营业收入大幅下滑，巨额折旧和财务费用以及高负债使得C公司陷入财务困境，2009年出现巨额亏损，净亏损4.07亿元，2010年虽然有所回升，但2011—2014年企业净亏损逐年飙升，从2011年的净亏损8.83亿元增长到2013年的净亏损46.29亿元，因此2011—2013年企业财务情况均满足僵尸企业的认定标准，2011年僵化指数为0.1496，2012年的僵化指数为0.1540，处于该时间段（2010—2012年）僵尸企业僵化指数排行的中等偏高水平，2013年僵化指数激增至0.2055，位列该时间段（2013—2017年）所有僵尸企业样本僵化指数的第三位，具体盈利情况如表5-7所示。C公司于2013年4月25日起被实施退市风险警示，公司股票自2014年5月16日起暂停上市。2013年11月28日，C公司收到H省W市中级人民法院（以下简称“W中院”）发布的《关于法院受理公司重整事宜的公告》，裁定受理债

权人对 C 公司的重整申请，公司进入破产重整程序。2014 年 3 月 18 日，W 中院通过了公司管理人制定的重整计划草案；出资人也通过了重整计划草案涉及的出资人权益调整事项。重整计划草案经审查，经营方案具有可行性，债权人会议及出资人会议召开程序、表决分组及结果符合法律规定。因此，W 中院批准了 C 公司的重整计划，终止重整程序。2014 年 9 月 28 日，W 中院认为公司提交的重整计划执行完毕，根据重整计划减免的债务在重整计划执行完毕后公司不再承担清偿责任。公司于 2014 年 12 月 31 日重整成功，相关财务指标及生产经营达到了深交所关于股票恢复上市的具体条件，2015 年 7 月 31 日深交所核准公司股票自 2015 年 8 月 18 日起恢复上市。C 公司通过重整，拓展了企业经营范围，实现了经营管理的创新发展，成本得到控制，改革进一步深化，沿海运输主业的经营效益大幅增长，公司逐渐扭亏为盈，多元经营业务效益显著提升，2015 年后摆脱僵尸状态，成为破产重整成功且实现多赢的经典案例。

表 5-7　　C 公司财务情况

年份	公司实现净利润	政府补助	实际净利润	资产负债率
2009	-4.07 亿元	1 049.34 万元	-4.17 亿元	0.8213
2010	1 197.92 万元	1 275.42 万元	1 994.17 万元	0.8538
2011	-8.83 亿元	2 573 万元	-8.79 亿元	0.9738
2012	-18.95 亿元	1.27 亿元	-21.30 亿元	1.1089
2013	-46.29 亿元	4 842.12 万元	-46.67 亿元	8.6118
2014	43.39 亿元	1 441.84 万元	42 亿元	0.7531
2015	1.23 亿元	5 660.9 万元	6 649.83 万元	0.5010
2016	971.63 万元	239.26 万元	732.37 万元	0.4963

5.3.3 重度僵化的僵尸企业处置策略

（1）重度僵化的僵尸企业处置策略简介

若企业恶化为僵尸企业后一直未能采取有效措施改善经营管理、提高盈利水平、增强自身造血能力，使得僵尸状态长时间延续达到五年以上，并且僵化指数居高不下，这类僵尸企业之所以能够继续存活，很大程度上依赖于政府和金融机构的资金支持，吸血性极强，僵化程度较深，长期占用大量信贷资源和政府资金，已经成为社会“毒瘤”。在我国积极推进供给侧结构性改革的背景下，坚定不移地处置僵尸企业，化解产能过剩迫在眉睫，对于重度僵化的僵尸企业而言，其处置方法主要包括以下三种：①企业认定自身已无存续必要经股东会通过自行决定解散或向工商部门提出申请注销企业；②由于僵尸企业产能落后、不符合国家产业政策、环境污染严重、安全隐患突出、债务缠身、经营困难等，被政府相关部门吊销营业执照、强制解散、关停退出或关闭破产；③通过司法程序向法院提出破产申请，法院宣告股份有限公司破产以后，由清算组接管公司，对破产财产进行清算、评估、处理和分配。其中，破产清算对于重度僵化僵尸企业的处置起到了非常重要的作用，是保障重度僵化僵尸企业通过司法途径退出市场的重要手段。

为贯彻落实党中央、国务院关于推进供给侧结构性改革、重点做好“三去一降一补”工作的决策部署，促进建立和完善现代企业制度，增强经济中长期发展韧性，国务院于 2016 年 9 月下发并实施了《国务院关于积极稳妥降低企业杠杆率的意见》，文件第六条强调要依法依规实施企业破产。对于扭亏无望、已经失去生存发展前景的僵尸企业，要破除障碍，遵循司法程序进行破产清算，全面清查破产企业财产，清偿破产企业债务并注销破产企业法人资格，妥善安置人员。

但是在实际处置僵尸企业的过程中，多家本应该通过破产清算处置的僵尸企业由于我国破产法律制度的不完善和执行力的缺乏，导致实践中未起到理想效果，通过破产程序退出市场的企业很少，通过司法手段破产清算退市的企业不到总量的1%，上市公司中更是几乎没有，我国企业通过破产程序退出的案件数量还达不到美国的0.2%，不足欧洲的1.16%（聂辉华等，2016）。

（2）案例分析

Z公司是一家以番茄制品深加工为主营业务，集番茄种植、生产、加工、贸易、科研开发为一体的农业产业化国家重点龙头企业。2014年7月7日，Z公司收到证监会的行政处罚决定书，因公司在2006—2011年期间连续虚构购销业务，证监会决定对Z公司予以警告，处以40万元的罚款，并对相关个人处以罚款及市场禁入的处罚。Z公司2006年1月通过隐蔽出资，设立了空壳公司T公司，该公司成为Z公司及其控股子公司购销关系的中间商，导致Z公司销售虚增。2007—2010年，Z公司利用非关联企业H公司从空壳公司购买产品，再销售给Z公司控股子公司，通过中转与过账，货物并未发生明显变化，实际交易仅为仓单的转移。该造假行为使得Z公司2006年虚增收入3.16亿元，虚增成本2.25亿元，虚增利润9 085.55万元，导致该年度利润由亏损变为盈利；2006—2007年的连续舞弊，累计虚增利润1.1亿元，为了掩盖这两年的舞弊行为、填平业绩造假，公司试图将虚增的利润悄悄地减下去，再次舞弊虚减利润，2008—2011年，累计虚减利润1.1亿元。考虑到Z公司2008—2011年的财务舞弊行为是虚减利润，因此对僵尸企业的判别并没有产生重大影响。2008年与2010年均出现净亏损，资产负债率均大于70%，使得Z公司2010年符合僵尸企业认定标准，僵化指数为0.1836，位于该时间段（2010—2012年）僵尸企业样本的前4%，僵化程度较高；2011年僵化指数为0.2152，上升至该时间段的第10位；由于2010年和2011年连续两年亏损，且2011年期末净资产为负，2012年5月被深交所实施退市风险警示特别处理。同年公司实施了破产重整，截至2013年4月3日，公司重整计划执行完毕。重整后，2012年实现净利润591.74万元，达到“摘星脱帽”条件，但是与之前年度的巨额亏损仍有较大差距，僵化指数为0.1398，僵化程度有所下降，但仍处于中等偏上水平。由于企业资产利用效率低、生产成本较高，持续经营能力存在较大的不确定性，并且企业主要子公司债务负担重、涉诉风险较高，合同诉讼纠纷导致涉诉金额达4 800余万元，最终2013年公司实现净亏损4.69亿元，僵化指数为0.1239，处于该时间段（2013—2017年）全样本僵化指数的前12%；2014年实现净利润1.08亿元，僵化指数为0.1221，2015—2017年僵化指数分别为0.1197、0.1207和0.1216，一直未能摆脱僵尸状态。根据上市公告，从2008年开始，Z公司的主营业务就再也没有实现盈利，扣除非经常性损益后的净利润已经连续10年为负，即使是扣除非经常性损益前的净利润也只有在保壳关键年度根据需要变为正数，具体盈利情况如表5－8所示。

X地区番茄行业的生产出口在1996—2006年间达到高峰，番茄酱生产加工规模大幅上涨，番茄制品出口生产企业的数量显著增加，2009年X地区番茄酱加工能力已经达到饱和状态，番茄酱产

表5-8　　　　Z公司财务情况

年份	公司实现净利润	政府补助	资产负债率
2008	-7 073.25万元	1 617.82万元	0.7191
2009	651.91万元	563.45万元	0.7862
2010	-3.53亿元	503.01万元	0.7488
2011	-13.17亿元	1 315.13万元	0.9839
2012	591.74万元	1 651.93万元	0.9416
2013	-4.69亿元	958.51万元	1.0942
2014	1.08亿元	475.03万元	0.6106
2015	-5 916.01万元	1.03亿元	0.6082
2016	-2.69亿元	843.29万元	0.6849
2017	1亿元	85.19万元	0.6381

量达到110.83万吨，成为仅次于美国加利福尼亚州的第二大番茄制品产量大区，但是出口量与产量存在极大差异，出口量仅为44万吨。由于X地区番茄产品附加值较低、出口结构层次比较低，出口量减少，企业库存压力激增，X地区番茄加工业的无序竞争加剧。国内番茄酱行业产能严重过剩，番茄原料供应不足，设备生产效率较低，生产成本较高，国际番茄酱市场价格呈低迷态势，使得Z公司番茄酱收入成本倒挂，主业持续亏损情况严重，自身造血能力严重不足，运营资金短缺，对政府扶持的依赖程度极高。并且随着宏观经济及行业环境的发展变化，Z公司未能及时调整应对新环境，企业转型迟缓，经济效益持续低下，部分年度出现毛利率为负的情况。另外，Z公司自身管理层较不稳定，2016年和2017年发布了近10次包括董事长、总经理等核心管理人员在内的高层管理人员辞职公告。

通过上述分析可以看出，Z公司已经成为一个非常典型的常年

“僵而不死”的僵尸企业，近十几年通过不同财务手段在退市的边缘挣扎，曾经的破产重整计划和重组行为并没有从根本上改变企业的经营状况和管理水平，虽然考虑到该企业在 X 地区农业市场的重要地位和对 X 地区经济发展、解决就业等方面的影响，对于这类僵尸企业的处置需要企业和政府妥善处理，但是在我国目前经济发展背景下，僵尸企业严重阻碍了经济发展，因此应积极响应国家供给侧结构性改革的号召，面对番茄酱行业产能严重过剩、企业长期占据大量社会资源、严重影响证券市场和市场经济秩序等问题，遵循市场经济优胜劣汰规律，运用破产清算等方式退出市场，盘活企业剩余资产、促进社会资源优化，坚决果断地处置僵尸企业。

5.4 僵尸企业处置配套机制优化

5.4.1 僵尸企业处置的法律制度优化

由前文可知，僵尸企业根据其综合僵化程度的高低可以分为轻度僵化、中度僵化和重度僵化三大类，针对不同类别僵尸企业的特点及财务表现，其后续处置方法主要包括救助与市场退出两种。救助主要是针对僵化程度较低的中度僵化企业，旨在挽救仍然具有企业价值、通过一定措施有希望恢复正常经营的僵尸企业，维护债权人及其他利益相关者的权益，保护社会公共利益，维持社会经济秩序稳定。退出则是僵化程度较深的重度僵化僵尸企业的市场出清策略，重度僵化僵尸企业长期处于僵尸状态，已经丧失造血能力、吸血性极强，造成了资源浪费，成为社会“毒瘤”，因此应采取破产清算等措施使其退出市场。

破产重整和破产清算均是在《企业破产法》的规定下，以司法程序对僵尸企业进行处置的重要方法，但是在实际处置僵尸企业的过程中，我国现行《企业破产法》中能够帮助企业重振活力、升级整合、挽救困境状态的重整制度并未充分发挥其应有的作用，多家本应该通过破产清算处置的僵尸企业由于我国破产法律制度的不完善和执行力的缺乏，导致实践中未起到理想效果。采用司法途径处置僵尸企业面临的主要困难包括：

首先，地方政府对僵尸企业的行政干预阻碍了僵尸企业司法处置的进程。地方政府出于绩效评价、财政收入、职工安置、失业人口再就业以及维护社会稳定等因素的考虑，存在通过行政手段拖延、阻碍僵尸企业处置工作的展开，影响法院破产案件的受理，阻碍司法处置进程。

其次，我国相关破产制度的不完善也是阻碍僵尸企业通过破产重整、破产清算等手段救助或退出市场的原因。具体包括以下几方面：一是破产程序启动难。社会有关方面对《企业破产法》的功能认识不够全面，没有充分认识到破产重整程序在挽救困境企业方面的作用，破产清算程序对于债权人冲突化解、解决矛盾纠纷等方面起到的作用未能得到足够重视；地方政府出于绩效考核、职工安置以及社会维稳等方面考虑，对僵尸企业破产处置缺乏正确认识；破产立案存在条件苛刻、门槛高、耗时长等问题，加上破产案件不同于一般民商事案件，涉及的工作内容非常复杂，专业审判人员缺乏，法院受理破产案件的动力不足。二是破产重整案件启动、运行、执行以及配套制度均不完善。债权人和债务人对破产重整的认识不足，缺乏申请破产重整的积极性和主动性；我国破产重整制度历史较短，法律规定又缺乏科学性和实用性，同时破产法官和管理人缺乏处理破产重整案件的素质和经验，管理人选任和考核制度需要进一步完善，重整程序运行不畅和严重拖延已成普遍现象；破产重整与反垄断审查、外资管理、证券监管、工商行政管理等主管部门的行政审批程序缺乏衔接安排，现行的税收制度和金融机构坏账核销制度缺少针对破产重整案件的专门规定。

最后，我国破产审判体系不完善。2016 年 6 月，最高人民法院印发了《关于在中级人民法院设立清算与破产审判庭的工作方案》（以下简称“最高法《工作方案》”），要求各省市必须有破产审判庭，并且建立时间不得晚于 2016 年底，但是现阶段专门化的破产审判组织数量和规模仍严重不足；《关于全面深化改革若干重大问题的决定》中提出要健全优胜劣汰市场化退出机制，完善企业破产制度，其中重要的一点就是建立健全市场化、简易化、法治化的企业破产审判制度，但是目前复杂的破产程序、较长的审理周期和较低的审判效率均是不可忽视的问题，破产案件的专业化程度之高、涉及内容之复杂使得破产案件法官面临巨大压力和挑战，在一定程度上阻碍了企业通过破产程序退出市场的步伐（崔益铭，2017）。

对于绝大部分僵尸企业而言，法治化处置方式是加快解决僵尸企业社会问题、平衡社会相关利益主体权益、促进僵尸企业规范有序地退出市场的核心方式。国务院 2016 年 9 月通过的《国务院关于积极稳妥降低企业杠杆率的意见》进一步明晰了破产法在僵尸企业治理中的核心地位，然而，我国现行《企业破产法》在破产重整和破产清算等方面均存在一定的制度问题，阻碍了僵尸企业法治化退出市场、去产能、降杠杆工作的进程，因此进一步完善僵尸企业处置机制的法律制度是我国后续处置僵尸企业的重点工作内容，是市场经济有效运行、实现社会经济稳定发展的根本保障。由此本节提出以下几点建议。

（1）完善破产管理人制度

破产管理人在破产程序中具有重要地位，我国现行的《企业破产法》自 2007 年实施以来，以破产管理人制度取代了旧破产法中的清算组制度，但在实际工作中并未达到立法时的预期。破产管理人是破产程序的主要推动者和破产事务的具体执行者，破产管理人的职业素养和专业能力会对破产审判工作的顺利开展及审判质量产生重要影响，并关系到破产企业的命运与未来发展。因此，应进一步完善破产管理人制度，提升破产管理人的专业水平、执业能力和职业素养，加强对破产管理人工作的监督和评价，同时应健全相关保障制度，确保破产管理人充分履行职能，为企业经营管理改善、产业结构优化提供有力制度保障。

在管理人人选的选任方面，我国《企业破产法》目前采用的是由人民法院任命、债权人无异议确认的机制，法院指定管理人人选并负责编制管理人名册。根据《企业破产法》的规定，可以担任破产管理人的主体包括两类：一是机构破产管理人，主要指清算组或者律师事务所、会计师事务所、破产清算事务所等三类社会中介机构；二是自然人破产管理人，指人民法院在前述机构具备相关专业知识并取得执业资格的人员中选定的管理人。目前破产管理人存在业务素质不高、法院随机指定、管理人程序规则不明确等问题（许德风，2015）。因此，一方面要优化破产管理人队伍，吸收专业技术知识和企业经营能力等水平较高的专业人员，拓宽破产管理人选任的地域范围，促进管理人队伍结构合理化。最高人民法院2018年3月印发的《全国法院破产审判工作会议纪要》指出要实行管理人分级管理，法院对破产管理人的专业技能、认真勤恳、职业操守、工作经验等因素进行综合考察评价，对破产管理人进行分级管理，定期进行考评。对于资产负债关系简单的普通破产案件可以采用随机方式指定管理人；对于上市公司破产案件，债权债务关系复杂，对地区经济具有重大影响，涉及债权人、职工及其他关系人人数较多、范围较大的破产案件，可引入竞争机制，通过竞争的方式依法依规选定负责的破产管理人，提升破产管理质量（王欣新，2017）。

对于破产管理人的报酬，我国《企业破产法》是将管理人报酬与其工作量相挂钩，按照差额定率累进计费方式，根据最终清偿的财产价值总额划分比率档次，分档计算各档的报酬数额，各档累加之和为报酬总额。但是在破产实际工作中，债务人最终清偿金额并不一定能够正确反映管理人付出的努力程度、工作强度和成果，许多僵尸企业已经无产可破，无法向管理人支付费用，严重影响了破产管理人工作的积极性。因此，为了保障管理人合法权益，提高工作积极性，可以考虑以下两种方式：一是在担保财产不足以支付所有破产费用和共益债务时，可由担保债权人承担，从担保物变价款中支付管理人报酬（王欣新，2017）；二是由政府财政拨款对管理人进行援助，例如深圳市中级人民法院2014年制定了《深圳市中级人民法院破产案件管理人援助资金管理和使用办法》，其中规定管理人援助资金应由财政拨款和提取的管理人报酬组成，对受理涉及债务人财产不足以支付破产费用并且没有利害关系人对费用进行垫付的破产案件的相关破产管理人进行补贴。

（2）建立预重整制度

重整制度是再建主义立法理念的体现，其目标是积极救助陷入困境的企业，是现代破产法的发展趋势。但现行的重整制度程序较为繁琐，重整成本较高，花费时间较长。因此，为了弥补传统重整制度的缺点，英国、美国等法律制度较为完善、破产法治发达的国家对法庭外重组与法庭内重整的优点进行总结，将二者相结合探索出了新型的企业拯救模式，即“预重整制度”。该制度将法庭外重组与法庭内重整的特点和优点进行了整合，当企业陷入财务困境时，企业管理者可以及时聘请破产管理者制定重整方案和资产处置方法，与债权人进行充分协商，最终形成预重整方案。预重整方案确定后企业可启动破产法中的重整程序，任命破产管理者为破产管理人，负责企业重整计划，根据预重整方案对公司财产进行处置和经营，无需取得债权人会议和法院批准。预重整程序将庭外重组与司法重整互相融合，缩短了企业重整时间，节省了相关成本，促进了正式重整程序效率的提高及重整计划实现可能性的增加，成为许多国家拯救困境企业的重要法律制度。目前我国学术界和实务界已经针对预重整制度的相关问题展开了一系列探讨，温州市、深圳市等地方法院已经开始尝试通过预重整与司法重整相结合的方式拯救困境企业，并积累了一定的经验（赵树文和王嘉伟，2017；张艳丽，2016）。通过国外预重整制度建立的经验和我国实际案例效果的分析，对于僵化指数较低的僵尸企业，我国破产法可以引入并鼓励破产当事人进行预重整，使僵尸企业各方当事人在进入正式破产程序之前就重整方案达成一致，从而节约破产重整时间，降低成本，提高司法审判效率和僵尸企业处置效果。

（3）推进破产审判专业化

首先，要加快破产审判庭的建设。2016 年最高法《工作方案》要求直辖市应当至少明确一个中级人民法院设立清算与破产审判庭，省会城市、副省级城市所在地中级人民法院应当设立清算与破产审判庭。各省（区、市）高级人民法院会同省级机构编制部门在综合考虑当地经济社会发展水平、清算与破产案件数量、审判专业力量、破产管理人数量等因素的情况下，对是否设立清算与破产审判庭进行统筹规划。在我国现阶段推进供给侧结构性改革的大背景下，最高人民法院提出设立清算破产审判庭的方案，有助于加快司法处置僵尸企业的步伐，发挥破产审判在完善市场主体救助和退出机制中的积极作用，因此政府及最高法院应加强对各地区清算与破产审判法庭建设情况的监督与管理，进一步完善各地区法庭审判标准及审判结果评价，最高人民法院与各地区破产审判法庭之间、不同地区破产审判法庭彼此之间应加强交流与联系，积极沟通清算与破产案件中的难点与重点，彼此学习监督，推动清算与破产审判工作的顺利进行。其次，要提高破产法官专业素养，组建专门的清算与破产法官团队。为了实现常态化的清算与破产审判庭，破产法官的专业能力、工作经验、处理案件的效率和效果非常重要。我国目前实务中有很多优秀的从事破产审判工作的法官，但是其工作内容较为复杂，并不属于独立的清算与破产案件审判法官，处理破产案件的效率受其他法律案件的限制，因此应多参考国外成熟的破产法庭结构，成立独立的清算与破产审判法官团队，加大力度培养该领域专业法官，提高职业素养和综合能力。并且考虑到清算与破产案件中所涉及的经济、管理、财务、金融等领域的专业知识，该专业团队还应包含处理审判公司法案件、执行案件、金融等相关案件的专业法官，达到更高效专业的审判效果。最后，完善清算与破产审判法官的绩效考核制度。由于清算与破产案件审判难度大、耗时长、工作量大，因此应在充分尊重司法规律的基础上灵活调整、逐步完善清算与破产法官的绩效考核标准，避免将办理清算破产案件与普通案件简单对比、等量齐观、同等考核。

温州市中级人民法院 2015 年就设立了审理破产案件的专门合议庭，建立破产案件集中审理机制，强化对破产审判的业务培训和指导工作，积极探索和尝试破产案件审理的新举措，充分发挥破产审判对维护市场经济秩序和社会稳定的作用，在破产处置僵尸企业方面作出了重要尝试，提供了宝贵的经验。因此，各地方政府应充分发挥主观能动性，加强各地区间的专业探讨、经验交流与信息分享，提高僵尸企业破产处置效率和效果，推动供给侧结构性改革，促进社会经济健康发展。

（4）探索简化破产案件审理程序

从我国法院审结的破产案件实际情况可知，破产案件的平均审理周期为二年至三年，有些案件长达十几年，司法破产程序的长耗时和高耗力阻碍了僵尸企业通过破产途径加以处置，因此破解司法破产程序烦琐的困局势在必行，在我国现行的法律框架内，要积极探索破产案件简化审理程序，提高司法效率，实现司法资源的有效配置。一方面要明确适用简易程序的范围。对于涉及范围及金额较小的中小微企业破产案件，可积极探索简易破产程序的试行，提高破产案件效率。例如，深圳市规定的破产条例中指出，若破产案件的债权债务关系清晰明了、事实清楚、可供破产的财产或债务额低于五十万元，则可采用简易程序进行审理。温州市中级人民法院 2013 年出台的《关于试行简化破产案件审理程序的会议纪要》提出了简易破产程序的改革方法，若破产案件事实清楚、债权债务关系明确、无较大争议，债务人资产和债权人人数较少，破产财产可能不足以支付全部破产费用，申请人、被申请人及其他主要破产参与人经协商后一致认同简化审理程序，债务人与全体债权人已经就债权债务达成协议等情况，则可试行简化审理程序。另一方面要明确简易程序期限。审理企业破产案件要强化效率意识，在《企业破产法》的制度框架内，在不损害破产参与人合法权益的情况下，简化程序，缩短时限，提高破产案件审理效率。温州市中院规定简化审理程序案件一般应在裁定受理后六个月内审结；对其中无任何财产且可以向债务人或其负责人、股东直接送达相关文书的破产案件，一般在裁定受理后三个月内审结。浙江省高级人民法院《关于企业破产案件简易审若干问题的纪要》中规定中级人民法院处理破产案件的审理期限是一年，基层人民法院是六个月，采用简易清算组管理人形式的破产案件，以四个月内审结为内控审限。温州市和浙江省法院的相关破产案件简化程序在当地僵尸企业处置工作中已经起到了一定的作用，值得我国其他地区法院学习讨论，结合各地经济发展水平、僵尸企业问题严重程度、破产案件数量和复杂程度等因素，积极探索适合的破产案件简化程序。

5.4.2 僵尸企业处置的政府部门工作机制优化

（1）减少行政越位干预

在我国僵尸企业产生和蔓延的过程中，不恰当的政府干预是导致我国僵尸企业大量存活的外在直接原因，也是我国僵尸企业区别于其他国家的特殊之处。政府部门作为僵化风险预警以及推动僵尸企业处置工作的重要力量，对于资源调动、多部门工作协调配合、僵尸企业处置工作的顺利进行起着重要作用，因此我国僵尸企业处置的重点内容之一是要减少政府对企业运行的越位干预，树立正确认识与观念，排除政府对僵尸企业的不合理、非市场化支撑，制止滥发财政补贴、妨碍银行贷款发放等行为，转变选择性产业政策，纠正以前政府补贴干扰市场选择等不适合现阶段市场化运作的不当行为。

（2）完善问责制度

应进一步明确政府及各部门人员对僵尸企业问题所承担的职责，国务院和相应监管部门定期监督考察地方政府在僵化风险预警与僵尸企业处置方面的工作情况，将相关工作纳入政府绩效考核体系中，对于拖延、规避、妨碍僵尸企业处置工作顺利进行以及实施不合理或不合法的过度政府干预行为应追究相关人员责任，完善行政问责制度，建立规范的制度规则，明确僵尸企业处置相关责任划分、追究、处理等流程的相关规定，健全政府信息公开机制，保障社会公众的知情权和监督权，及时公开地区僵尸企业统计数据、严重程度、处置工作开展进程等信息，积极听取社会公众合理建议，加强政府与公民互动，进一步完善问责程序，推动问责制度常态化发展。

（3）完善保障基金制度

僵尸企业处置的后续重要工作之一是要解决好僵尸企业职工安置问题，安置失业员工、为失业员工提供再就业培训、创造再就业机会是政府的职能和义务，不能推卸责任、阻碍僵尸企业破产清算，把风险转嫁给市场。保障基金的建立对于职工安置问题的顺利解决起到至关重要的作用。2016 年 3 月时任总理李克强表示，中央财政安排了 1 000 亿元专项奖补资金，重点用于解决僵尸企业处置或退市后的职工分流安置工作，表明了中央政府财政支持解决僵尸企业的决心。中央和各级地方政府要充分运用专项资金，确保资金在职工安置中发挥的作用，加强对专项资金的审计力度，真正的专款专用，可将职工安置工作纳入政府绩效考核体系中，实行责任到人、专人负责，才能有效地监督和问责，对没有完成相关安置工作的政府和责任人追责。除了暂时性中央财政专项资金外，还应建立起全国统一的长效资金保障机制，保障破产企业职工的工资、安置费用等合法权益，保证破产管理人合理报酬和破产程序运行行政费用得以正常支付，设置企业破产人权保障基金，对破产企业人身侵权债务进行清偿（王欣新，2016）。我国一些城市和地区已经建立了不同模式的保障基金制度，但是对于保障范围、资金来源、监管方式等内容均未形成统一标准，造成同等债务不能得到同等保护的社会不公平现象，因此有必要在总结分析各地区保障基金设立情况及运作效果的基础上，尽快建立全国统一的保障制度，规范保障基金制度，解决职工安置等社会问题，推动僵尸企业处置工作的顺利进行，实现经济健康发展、社会稳定和谐。

（4）加强部门间信息沟通与协同配合

充分运用僵尸企业数据共享平台，通过电子政务途径实现政府信息的公开与资源共享，加强对各部门在僵尸企业处置工作方面的信息沟通、交流与监督，避免地方政府隐瞒地区僵尸企业实际情况，逐步形成完善的信息交流反馈机制。僵尸企业处置工作涉及税务、工商、审计、金融、司法等多个行政部门，需要各个部门信息共享、及时沟通、协调配合，因此应通过协同监管法律规章的健全和完善，明确地方政府及其他单位在解决僵尸企业问题的相关工作中应承担的具体责任和义务，加强协同监管的意识，规范协同监管行为，防止出现相关部门推诿责任、政府部门拒绝配合法院工作等情况，加强协同监管与问责机制的统一，定期召开联席会议，积极沟通探讨僵尸企业处置面临的困难、解决方案、处置进展等内容，及时向国务院汇报工作情况，提高僵尸企业处置效率和效果。

5.4.3 僵尸企业处置的综合保障机制优化

（1）金融制度的完善

改革银行的坏账核销等相关制度，杜绝向僵尸企业不当续贷，拓宽优质企业融资渠道，积极改革银行监管制度，通过多种渠道拓展不良资产处置方式，简化僵尸企业贷款呆账坏账认定与核销程序，推进僵尸企业破产程序的顺利进行；完善银行业绩考核与责任制度，将银行呆账坏账核销制度与考评制度相结合，明确呆账坏账责任认定及问责制度，提高员工对呆账坏账重视程度，推进核销工作的顺利进行；建立信用恢复制度，对相关银行信用登记制度进行改革，对于采用破产救助途径的僵尸企业而言，进入破产重整程序后可视情况考虑消除以往在银行征信中心的不良记录，从而帮助在破产重整程序中正常获得金融支持，保障破产程序的顺利实施，加快企业救助进度。

（2）税收制度的完善

国家税务总局应加快税务登记注销制度的改革与完善，及时建立对破产处置尤其是采用破产重整途径救助的僵尸企业的税收减免优惠制度，积极解决破产程序中涉及的税款债权问题，地方政府加强与税务机关的沟通协作，结合企业实际情况依法减免企业税款，税务部门应避免出现消极拖延甚至抵制破产处置僵尸企业的税收减免，树立积极正确的工作态度和大局观念，积极进行税务登记注销制度改革，避免由于税务登记及税收债权清偿等问题阻碍破产程序的开展，进一步完善相关问责机制，严厉处罚恶意阻碍工商注销登记及司法程序进行的行为。

（3）工商制度的完善

工商注销登记制度的健全与完善是保障僵尸企业通过破产途径顺利处置的重要一环，在破产程序中积极推行简易注销制度，及时建立企业进入破产程序时的工商登记公示制度，避免工商注销登记程序阻碍破产审判的进行。同时，应进一步加强工商与税务、法院等其他部门间的联动，充分运用僵尸企业数据共享平台，简化身份证明、清税证明等一系列冗余工作流程，加快僵尸企业处置速度，提高各部门工作效率与效果，多方面保障僵尸企业处置的顺利进行。

5.5　僵化风险预警及风险管理机制

5.5.1　宏观僵化风险预警机制的完善

借鉴宏观金融风险领域史建平（1998）、刘尚希（2006）以及杨廷干（2010）等学者的研究，本书提出的宏观僵化风险是指由于社会经济、金融、政策等因素变化，僵尸企业在宏观环境中不断蔓延，受到波及的企业、银行等金融机构数量增多，宏观僵化范围不断扩大，对国民经济健康运行造成严重影响的风险。宏观僵化风险立足于国民经济，风险既可能来自微观层面僵尸企业问题的堆积，也可能是由于宏观经济政策失误、经济金融制度变革、行政管理措施不当等因素导致的，宏观僵化风险的利益相关者非常庞大，涉及的社会经济问题极为复杂，可能导致的社会经济后果非常严重，因此需要政府承担起应对僵化风险的责任，加强并完善宏观僵化风险预警，积极防范并化解宏观僵化风险。

（1）提高僵化风险预警意识

在国务院的领导和指引下，充分认识僵尸企业对经济社会造成的严重后果，强调宏观僵化风险预警的重要性和必要性，尊重市场规律和需求，树立各级地方政府对僵尸企业问题的正确认识与责任意识，提高银行等金融机构以及政府资金管理部门对企业生产经营风险和资金流动性的考核评价，加强政府补助和银行信贷资金划拨的事前评估审查，降低或者避免为僵尸企业持续“输血”，积极保障金融机构的资产安全健康，减少社会资源浪费。

（2）构建多层级多模块的僵化风险预警体系

近年来，国务院多次强调僵尸企业问题的严重性，坚决出清僵尸企业、化解产能过剩，已经成为国务院工作的重点内容，反映了国家处置僵尸企业的意志与决心，是地方政府制定工作计划、明确工作重点的方向指引。地方政府是处理本地区僵尸企业问题的主要执行者，负责补助资金的划拨以及该地区已有僵尸企业的审查和后续处置。同时，为了保障地方政府工作的顺利进行，需要法院、工商、税务、审计等多个部门的支持与协调。针对僵化风险预警，应积极构建以国务院为领导，地方政府为主要力量，法院、工商、税务、审计等多部门协调辅助的多层级、多模块的僵化风险预警体系，将僵尸企业预警及处置纳入地方政府绩效评估中，促进地方政府与辅助部门的紧密配合、分工协作，加强信息交流与沟通，实现资源有效共享，及时向国务院等上级领导部门汇报预警信息，从而实现多模块结合、多层次监测的僵化风险预警体系，通过建立联席会议机制定期分析当前面临的僵化风险及僵尸企业问题的严重程度，采取合理应对策略积极处置僵尸企业，避免僵尸企业问题的蔓延，维护地区社会经济的有序健康发展。

（3）充分运用大数据技术加强僵化风险预警

在大数据时代，政府应充分运用大数据技术，为僵化风险预警提供坚实的技术支撑，地方政府及相关部门应建立僵尸企业数据共享平台，对各地区僵尸企业信息以及地区僵化风险情况进行归纳统计，运用科学技术对海量数据进行收集整理，结合文本挖掘技术将大量低价值密度的数据进行筛选，获取与僵尸企业相关的高价值数据，促进资源的有效利用，保障各部门数据资源的交流与共享，提高政府对僵尸企业蔓延趋势的预警研判能力，及时掌握僵尸企业潜在风险及危机，为后续僵尸企业地区统计、分析、处置、汇报及信息披露提供依据，实现中央、地方政府及其他行政单位对僵尸企业信息的及时掌握，保障僵化风险应对策略的有效实施及僵尸企业处置工作的顺利进行。

5.5.2 微观企业僵化风险管理机制的构建

企业僵化风险是指企业陷入财务困境、恶化为僵尸企业的风险。随着我国社会主义市场经济的迅速发展和全球经济一体化程度的不断加深，企业的生产经营活动与宏观经济环境、行业发展水平、自身战略选择密切相关，僵化风险贯穿于企业日常生产经营活动、投资活动和融资活动中，受到财务经营情况、外部债务负担以及公司治理水平等因素的影响，微观层面企业的僵化风险主要是由于企业自身经营管理、战略决策制定、宏观环境变化应对等方面存在缺陷导致的。2008 年全球金融危机爆发后，提高企业风险防范意识、加强企业风险管理成为社会关注的焦点。随着国际经济形势的不断变化以及我国经济转型的进行，我国企业面临的风险日趋多样化与复杂化，风险管理的重要性日益加强，提升风险管理水平、完善风险管理机制成为企业实现长远战略目标的重要内容。

全美反虚假财务报告委员会下设的发起人委员会（The Committee of Sponsoring Organizations of the Treadway Commission，COSO）致力于研究企业的风险管理框架，2004 年发布的《企业风险管理整合框架》（Enterprise Risk Management Integrated Framework，以下简称“ERM 2004”）首次将内部控制与风险管理相结合，为董事会和管理层应对不确定性风险和增加股东利益过程中的风险承受能力提供参考，受到了众多国家和地区的认可（杨纪红，2017）。随着社会经济的发展，风险类别和复杂程度不断发生变化，为了满足当今风险管理实践的需求，COSO 对 ERM 2004 进行了更新升级，于 2017 年发布了风险管理的新版框架《企业风险管理——与战略和业绩的整合》（Enterprise Risk Management - Intergrating with Strategy and Performance，以下简称“ERM 2017”），包括治理和文化、战略和目标设定、绩效、审阅和修订以及信息、沟通和报告五大基本要素，以及二十项原则（见图 5 - 4），五大基本要素是基础，原则为导向，以实现企业绩效为目标，风险管理与战略相整合为路径，重点强调价值创造与增值（舒伟等，2018）。

治理和文化	战略和目标设定	绩效	审阅和修订	信息、沟通和报告
·实现董事会对风险的监督 ·建立运营模式 ·定义期望的组织文化 ·展现对核心价值的承诺 ·吸引、发展并留住优秀人才	·分析业务环境 ·定义风险偏好 ·评估替代战略 ·建立业务目标	·识别风险 ·评估风险的严重程度 ·风险排序 ·执行风险应对 ·建立风险的组合观	·评估重大变化 ·审阅风险和绩效 ·企业风险管理改进	·分析业务环境 ·利用信息系统 ·沟通风险信息 ·对风险、文化和绩效进行报告

图 5-4　COSO ERM 2017 五大要素与原则

僵化风险是企业生产经营所面临的风险之一，属于企业风险管理的重要组成部分，本章参考 COSO 发布的企业风险管理新版框架（ERM 2017）的五个要素和二十项原则，构建起常态化的企业僵化风险管理机制，各相关部分及其相互关系如图 5-5 所示。

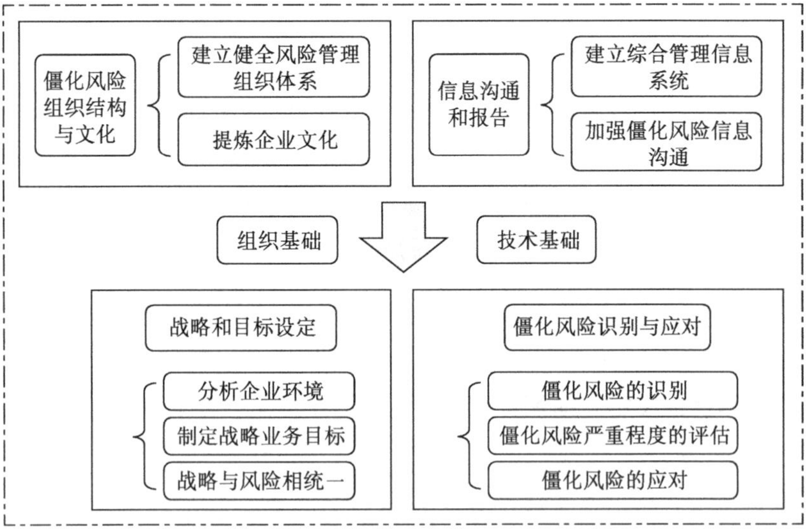

图 5-5　企业僵化风险管理机制结构

（1）僵化风险组织结构与文化

僵化风险组织结构与文化是僵化风险管理其他环节的基础，明确了企业僵化风险管理的组织结构及相应的职责范围，强调企业文化对于风险管控的重要作用，是企业僵化风险管理机制的基础内容。

①建立健全风险管理组织体系。僵化风险管理是企业风险管理的内容之一，因此企业僵化风险管理组织体系应为风险管理组织体系的组成部分。企业风险管理组织体系是企业为了实现风险管理目标形成的包含多层级风险管理组织结构及部门的体系，国务院国资委2006年印发的《中央企业全面风险管理指引》中指出，风险管理组织体系主要包括规范的公司法人治理结构、风险管理职能部门、业务管理部门或单位、内部审计部门和法律事务部门等。公司法人治理结构是现代企业制度的核心，是风险管理组织体系的基础，一般包括股东（大）会、董事会、监事会、经理层等，企业按照《公司法》相关要求建立健全规范的公司法人治理结构，各个机构依照法律法规及公司章程等相关规定行使职权、履行职责。风险管理职能部门主要包括风险管理委员会及其执行机构，其成员应包括熟悉企业重要管理及业务流程的董事，以及具备风险管理监管知识或经验、具有一定法律知识的董事，主要负责制定风险管理制度，审议风险管理策略和重大风险管理解决方案，审议重大决策、重大风险、重大事件和重要业务流程的判断标准或判断机制以及重大决策的风险评估报告，组织协调全面风险管理日常工作，指导、监督有关职能部门、各业务单位开展全面风险管理工作等。业务管理部门或单位包括生产部门、销售部门、供应部门等管理和执行部门，是风险识别和控制的主体，是风险管理的第一线部门。风

险管理方面的内部审计部门主要负责风险管理监督评价体系的构建，相关监督评价制度的制定，对其他部门风险管理工作进行监管与评价，出具监督评价审计报告。法律事务部门主要负责审查经济业务和行为，处理经济纠纷，拟定相关合同协议，防范相关的法律风险等，企业根据自身实际情况可以考虑将相关法律事务委托给中介机构办理。

根据企业的实际情况，可对上述风险管理组织体系的具体构成进行调整，在企业可实现范围内建立健全风险管理组织体系，明确企业各机构及部门在风险管理特别是僵化风险管理中所承担的相应职能，为僵化风险管理机制的构建奠定基础。

②提炼企业文化。企业文化是企业及其成员在一定社会历史背景下的生产经营活动中逐渐形成的受企业成员认可的价值观、经营理念、行为规范、管理制度等文化观念，是现代企业管理的重要内容，其中价值观是企业文化建设的核心点，规章制度和行为规范为企业文化的外在表现形式（孙保全，2010；栾强，2017）。董事会和管理层应结合企业实际情况，形成受各层级管理人员和员工认可的企业文化和核心理念，表明企业应对机遇与风险的态度和偏好，为企业经营决策和战略的制定指明方向。风险防范意识是企业文化在风险管理方面的重要内容，企业面临着日益激烈的市场竞争，财务、经营及僵化风险均是客观存在难以完全消除的，企业管理层及各部门员工应树立僵化风险防范意识，加强与重要风险相关的员工和负责人的风险防范培训，特别是对企业发展方向具有决定性影响的高层管理者以及高风险部门的负责人，通过实际案例掌握僵化风险发生的重要原因和严重后果，提高企业对潜在僵化风险的重视程度，完善僵化风险防范能力建设，认真做好僵化风险预警工作，及

时制定适当的解决方案，尽可能降低僵化风险发生的可能性，帮助企业实现战略发展目标。

（2）信息沟通和报告

企业僵化风险管理是动态的连续过程，拥有涉及企业内外多方面的完整数据与信息是僵化风险管理的基础，庞大的信息量需要企业多个部门的负责人员借助智能化手段收集、整理并更新与企业、行业和宏观经济有关的各方面数据，建立综合全面的数据库，提高数据信息在企业内部相关组织间的沟通与传递，及时形成僵化风险报告。

①建立综合管理信息系统。运用智能化手段、建立综合管理信息系统是提高企业信息处理与传输效率、综合管理水平以及市场竞争力的重要内容，是僵化风险管理工作得以顺利展开的基础与保障。企业僵化风险管理涉及企业财务经营数据、公司治理信息、行业发展以及宏观经济环境变动等多方面信息数据，通过建立管理信息系统，运用智能化手段收集整理相关数据，形成完备的信息管理数据库，针对企业僵化风险，应重点关注企业财务盈利及负债水平、资金储备及周转情况、银行信贷及政府补助政策、行业发展趋势以及宏观经济形势等方面信息，保障僵化风险管理信息数据的完整性、准确性和及时性。

②加强僵化风险信息沟通。根据企业风险管理各部门人员的职能确定其管理信息系统的使用权限，实时跟踪、记录信息管理的全过程，掌握僵化风险管理不同环节负责人员的信息系统操作行为，明确各负责人员所承担的职责。企业可组建专业队伍负责相关信息的收集、分析、核实与传递，开通紧急情况下数据传递的快速通道，通过管理信息系统加强不同部门信息资源的共享交流与讨论，

定期编制僵化风险报告，提高信息传输效率和效果，降低信息交流时间成本，保证相关数据和信息的真实性、安全性和可靠性，及时向董事会及管理层汇报企业僵化风险情况，从而有助于管理层根据管理信息系统及时了解企业僵化风险，制定适当的风险应对策略。

（3）战略和目标设定。随着社会经济的发展、全球经济一体化进程加快、科学技术迅猛发展、文化碰撞与融合，企业面临着日益复杂多变的社会经济环境。企业战略目标反映了企业一定时期内经营活动方向和追求的目标，是企业进行生产经营活动、开展风险管理工作的基础和前提，明确了企业的发展方向和任务（黄如福，2008；刘秀云，2017）。企业应结合自身发展的优势和缺陷，详细分析宏观经济环境、政策变动、行业发展、科技更新、法律制度等外部环境，及时掌握宏观经济环境和行业发展走势，了解并实时监控企业生产经营、资本、人力技术等内部环境情况，结合企业发展愿景，制定符合自身发展水平的战略目标，在战略目标的指导下进一步明确企业管理层与各级员工具体业务目标。董事会和管理层根据企业经营目标、企业文化、核心价值观等内容，充分考虑企业内部及外部环境变化所产生的僵化风险变化，通过管理信息系统掌握企业各方面数据和风险异常信息，分析判断企业僵化风险动态，明确企业的风险偏好，将企业僵化风险管理与战略制定相结合，确保战略目标在可接受的风险容量范围内，并且随着企业僵化风险的变化及时调整战略及业务目标。

（4）僵化风险识别与应对

运用管理信息系统对企业生产经营活动、财务表现、公司治理、资金储备等相关信息数据进行收集整理，通过僵化风险关键指标分析、数据追踪、僵化风险研讨会等方法多渠道识别企业僵化风险，了解企业发展态势和僵化可能性，及时向企业相关部门发布僵化预警信息，帮助管理者制定僵化风险应对决策。

①僵化风险的识别。科学准确地识别企业的僵化风险是企业僵化风险管理的重要环节，通过对收集整理的数据进行统计分析，构建包含财务指标和非财务指标、运用适当统计方法进行实证分析的僵化风险预警模型。通过本书第4章分析可知，反映企业盈利能力、偿债能力、营运能力、发展能力以及现金流水平的基础财务指标，衡量公司治理水平和外部资金依赖程度的相关指标均在一定程度上反映了僵尸企业的特征，是僵化风险预警模型的重要财务指标，在此基础上可以补充反映企业创新能力、客户满意度、社会责任履行情况等非财务指标和信息，财务指标和非财务指标的有机结合可以较为全面地覆盖企业生产经营管理的各方面，帮助企业管理者综合分析评价企业的财务状况与经营管理水平，提高僵化风险识别的全面性和准确性。同时，成熟的计量方法可以较好地捕捉企业各方面财务和非财务指标的数据特点和发展趋势特征，提高僵化风险预警的准确性，为后续僵化风险应对措施的调整和实施提供重要参考依据。此外，还应根据企业外部环境以及财务经营状况的变化，不断调整和修正僵化风险预警模型，保证预警模型中指标的全面性与科学性，提高预警准确性。

②僵化风险严重程度的评估。在识别僵化风险的基础上，根据僵化风险预警模型，从定量的角度计算企业恶化为僵尸企业的可能性，设定企业僵化风险预警阈值，同时从定性角度分析可能会造成企业僵化的潜在事项及因素，将僵化风险定量与定性预警因素相结合，划分为绿色至红色五个级别（见表5－9），分别代表企业面临僵化风险从极低至极高的五种可能性，综合考虑企业文化、风险偏

好、风险容忍度等因素，对面临的僵化风险等级进行划分，通过管理信息系统及时向相关负责部门传达预警信号级别及僵化风险信息，根据僵化风险预警具体情况迅速有效地采取防范及应对措施，调整经营策略及目标。

表5－9　　　　僵化风险预警级别划分

预警级别序号	1	2	3	4	5
预警颜色级别	绿色预警	蓝色预警	黄色预警	橙色预警	红色预警
问题严重性	极低	低	中	高	极高

③僵化风险的应对。僵化风险应对是企业僵化风险管理的重要环节，是防范控制僵化风险、保障企业持续、健康、稳定发展的有效举措。僵化风险识别后，管理层应根据企业业务环境、僵化风险严重程度、风险偏好等因素选择和部署合适的僵化风险应对方案。一般风险管理的应对方案包括接受风险、规避风险、利用风险、降低风险以及分担风险等，然而对于僵化风险而言，一旦企业陷入财务困境、恶化为僵尸企业，企业将几乎丧失造血能力，资金周转困难，债务负担严重，无法持续经营，因此僵化风险的应对方案应该以降低风险和规避风险为主。

僵化风险的具体应对方案及策略主要分为三种情况。第一，在采用僵化风险预警模型计算得到的僵化可能性和僵化风险因素分析的基础上，发现企业僵化风险属于极低或低水平，恶化为僵尸企业的可能性非常小，企业无需作出较大规模调整，可依照既定目标和战略继续经营。第二，若通过僵化风险预警分析发现企业僵化风险超过预警阈值，僵化风险预警等级达到中等以上，但企业尚未恶化为僵尸企业，僵化风险仍在可控范围内，管理层应采取降低和规避风险的应对方案，通过管理信息系统检测僵化风险来源及影响因素，及时调整经营目标和策略，将风险处理责任具体落实到具体部门和个人，保障控制活动的有效性，监督僵化风险应对方案的具体执行，及时化解僵化风险，降低企业恶化为僵尸企业的可能性。第三，若企业未能及时识别僵化风险或风险识别后未采取正确有效的应对策略，致使企业陷入财务困境、恶化为僵尸企业，企业应参考本书第5章中综合僵化程度的衡量方法及僵尸企业分类处置机理，通过计算企业的僵化指数、分析僵尸状态持续期，从而确定企业的综合僵化程度，判断企业所属僵尸企业类型，依照僵尸企业分类处置机理，结合企业自身实际情况，选择适当的应对措施，具体包括兼并重组、债务重组、破产重整以及破产清算等，激发企业活力，加快摆脱僵尸状态的步伐。

在僵化风险识别、评估和应对的基础上，加强对企业业务目标和战略造成实质性影响的内部和外部变化的监控与评估，将僵化风险审查作为日常运营的一个常规部分。对僵化风险应对方案的实施过程和实施结果进行及时全面的评价，形成综合评价报告，分析应对方案的实施效果，调整僵化风险应对策略。同时，通过对僵化风险管理机制各组成部分完整性分析以及实施效果评价，结合社会、经济、科技、法律等多方面的变化情况，随时调整并积极完善僵化风险管理机制，优化僵化风险管理架构，不断提高僵化风险管理与日常业务的协调性与一致性，保持僵化风险管理思想的创新性，增强僵化风险管理效率、效果、实用性以及适用性，形成常态化、动态化、综合性的僵化风险风险管理机制，从企业根源积极应对僵尸企业问题，防止僵尸企业大规模产生及蔓延，保障社会经济健康有序发展。

5.6 本章小结

本章从僵尸企业处置机理、分类处置策略、僵尸企业处置配套机制以及僵化风险预警及管理机制方面对僵尸企业处置进行了分析。首先，将僵尸企业僵化指数与企业僵尸状态持续期相结合，形成衡量僵尸企业综合僵化程度的两维度分类标准，得到以综合僵化程度为基础的僵尸企业分类标准，通过分析各类别僵尸企业的数据特点和外在表现，有针对性地提出适合不同类别僵尸企业的处置策略，形成僵尸企业分类处置机理。其次，针对各类别的僵尸企业，深入分析适当的处置策略，并结合上市公司实际案例对僵尸企业的处置策略进行补充说明；再次，从宏观社会经济角度，提出了完善僵尸企业处置法律制度、政府部门工作机制以及综合保障机制等配套机制的相关建议；最后，提出了宏观僵化风险预警的完善建议，并且从僵化风险组织结构与文化、信息沟通和报告、战略和目标设定以及僵化风险识别与应对四个方面构建了常态化的企业僵化风险管理机制，有助于加快僵尸企业处置的效率和效果，推动社会经济健康发展。

第 6 章

结论、局限性与未来展望

6.1　研究结论

僵尸企业对中国各行业、产业乃至整个国民经济的健康发展带来了极大的负面影响，加快处置僵尸企业、推进去产能工作进程是我国现阶段推动供给侧结构性改革的工作重点之一，受到了国家的高度重视。在此背景下，结合我国社会经济发展现状，抓住我国僵尸企业的核心特征以及特殊性，不断拓展和完善僵尸企业研究领域的深度与广度，对于化解产能过剩、促进经济健康全面发展具有重要意义。本书在国内外僵尸企业研究的基础上进一步对我国僵尸企业的认定标准予以补充和完善，结合 2010—2017 年识别出的上市公司僵尸企业样本，通过文献统计、理论分析与实证研究相结合的方法，构建了僵尸企业的僵化指数，形成了以僵尸企业综合僵化程度为基础的僵尸企业分类标准，结合各类别僵尸企业特点提出了对应的处置方式，并从微观企业层面和宏观社会层面对僵尸企业处置机制进行了探讨。主要研究结论包括以下几个方面：

（1）僵尸企业是指自身“造血能力”不足、陷入财务困境，依靠银行贷款和政府补助等外部资金“输血”而维持生存的企业。盈利能力严重不足、债务负担沉重和依赖外部资金“输血”均为僵尸企业的核心特征。本书借鉴国内外学者观点，结合僵尸企业核心特征，将扣除信贷补贴和政府补助后的实际净利润连续三年之和为负数且资产负债率超过行业平均水平这两个条件作为识别上市公司僵尸企业的认定标准。

（2）基础财务指标、公司治理指标和外部资金依赖度指标较为全面地反映了僵尸企业的财务经营管理情况，体现了僵尸企业的核心特征。通过对财务预警领域运用指标进行数据分析研究的相关文献加以统计与归纳，得到了盈利能力、偿债能力、营运能力、发展能力和现金流水平五大类指标中使用频数最多的基础财务指标；通过实证检验公司治理代理变量与僵尸企业的相关关系可知，第一大股东持股比例和高管薪酬与僵尸企业显著负相关，独立董事比例与僵尸企业间的相关关系并不显著，因此将存在显著相关性的第一大股东持股比例和高管薪酬指标作为公司治理指标引入僵化指数模型。同时，反映僵尸企业获得信贷支持程度的借款现金总资产比以及衡量政府资金支持程度的政府补助净利润比全面衡量了僵尸企业的外部资金依赖度。综合上述三类指标可形成满足本书僵尸企业僵化指数构建目标和原则的综合指标体系。

（3）通过实证检验宏观经济环境与僵尸企业的关系可知，国内生产总值增长率与僵尸企业显著负相关，即宏观经济环境对于僵尸企业具有显著影响。因此为了提高僵化指数的可比性和准确性，应根据国内生产总值增长率的波动情况，将研究时间段进行划分，针对不同时期的僵尸企业分时段设计和构建衡量僵尸企业僵化程度的僵化指数模型。

（4）僵尸企业的僵化指数通过对僵尸企业财务经营状况、公司治理水平以及外部资金依赖度的综合考察，衡量了某时期僵尸企业的僵化程度，僵化指数越高，僵尸企业该时期的僵化程度越高。除此之外，僵尸企业的僵尸状态持续时间长短同样影响到僵尸企业的僵化程度，参考企业经营及战略规划的划分方法，可将僵尸状态持续期划分为短期、中期和长期三个时间段。将僵尸企业某时段僵化指数和僵尸状态持续期相结合，形成僵尸企业综合僵化程度的衡量标准，按照综合僵化程度将僵尸企业分为轻度僵化、中度僵化和重度僵化三大类，分别提出符合各类别僵尸企业特点的处置策略，形成僵尸企业的分类处置机理。具体而言，轻度僵化的僵尸企业应以恢复和提高自身经营管理水平、改造和更新技术设备、及时调整和转变公司战略方向为主要策略，积极应对复杂的经济环境变化，提高危机意识，同时应增强企业经营业务的多元化和差异化，激发企业活力，尽可能提高企业生存能力；中度僵化的僵尸企业处置策略应以并购重组和债务重组为主要手段，辅以托管经营等方法，情况较为严重的可以采用法律手段进行破产重整；对于重度僵化的僵尸企业而言，通过司法程序向法院提出破产申请，采用破产清算处置僵尸企业是保障重度僵尸企业退出市场的重要手段。

（5）结合僵尸企业核心特点、僵化指数以及分类处置机理，针对现阶段复杂严峻的僵尸企业问题，对包含僵尸企业处置法律制度、政府部门工作机制以及综合保障机制在内的僵尸企业处置配套机制进行了优化。同时，完善了宏观僵化风险预警机制，并构建了包含僵化风险组织结构与文化、信息沟通和报告、战略和目标设定以及僵化风险识别与应对四方面的企业僵化风险管理机制，为全面综合应对僵尸企业问题提供了新思路，有助于提高僵尸企业处置的效率和效果，为推动僵尸企业处置工作的顺利进行提供参考。

6.2 研究局限性

僵尸企业的形成和蔓延蕴含着异常复杂的经济学、社会学、金融学和管理学等方面的内容，本研究受样本数据和研究能力的制约，仍存在以下不足之处：

（1）信息数据获取的限制。受企业税务、工商、环保等方面信息数据的限制，本书提出的僵尸企业认定标准未能充分反映国务院提出的“不符合国家能耗、环保、质量、安全等”方面的僵尸企业衡量要求，仅从上市公司公开披露的会计信息和财务数据角度加以衡量，并且本书的研究对象限定于我国 A 股非金融行业的上市公司，从而保证数据的可获取性、可行性和可比性。同时，由于僵尸企业识别条件中的信贷补贴计算方法是由国外学者结合国外金融市场环境所提出的，与我国金融市场存在一定差异，计算方法受金融机构利率信息和企业借款以及债券等方面数据的影响，因此信贷补贴的计算可能存在一定误差。

（2）指标选取的局限性。本书针对僵尸企业样本构建的僵化指数模型受到了该时期僵尸企业数据和筛选指标的影响，涉及的指标仅限于企业财务、公司治理、信贷补贴和政府补助等定量指标，因此对于僵尸企业综合能力的评价仍存在一定局限性，后续研究可考虑纳入部分重要的定性指标，进一步完善僵化指数模型。

（3）理论研究与实际情况的差异。僵尸企业的分类处置工作涉及司法、税务、工商、审计等多个政府部门，需要企业和政府部门、政府部门之间的配合协作，影响范围非常广泛，本书提出的僵尸企业分类方法以及对僵尸企业处置机制的完善建议仍局限于理论方面，需要与各地方经济发展水平、僵尸企业问题严重程度和政府实际工作相结合，在后续研究中实现理论分析方法的完善与落实，为僵尸企业处置工作提供帮助。

6.3 未来展望

第一，综合多渠道的信息披露，完善僵化指数相关指标。深入了解不同地区僵尸企业特点，对僵化指数使用的指标和赋值方法进行补充完善，不断加强僵化指数的科学性和适用性。

第二，正确认识国内外宏观经济形势，动态探究新形势下的企业僵化风险。近几年，按照党中央、国务院的决策部署，在各地区各部门的合力应对下，牢牢把握住产能过剩的行业性、周期性、结构性等特征，采取包括加强宏观调控和行业管理、扩内需稳外贸、促进企业重组和产能出清、完善再就业和社会保障等六大政策，积极化解过剩产能，分类处置“僵尸企业”，大力实施供给侧结构性改革，整体取得明显成效。

但2020年年初以来，受疫情冲击和国际形势影响，全球产业链、供应链面临压力较大，日益严峻的气候变化、环境污染等问题对全球经济社会可持续发展带来诸多挑战，也对企业的正常生产运营以及行为决策等方面造成巨大的影响，一系列不确定性事件冲击使得企业日常经营仍面临一定挑战，经营风险问题不容忽视。因此，后续研究可进一步关注新形势下企业所面临的僵化风险问题，探究气候变化、数智技术发展等因素对企业僵化风险的影响。

第三，后续研究可积极关注现代信息技术发展，探究企业管理模式智能化与风险监测前置化，提高企业僵化风险动态预警和管理能力。

附录

财务指标文献统计

本书有针对性地选取2003—2018年6月中国知网中主题包含“财务困境”或“财务预警”并且主题包含“指标”的中文期刊进行了分时间段统计，将时间划分为2003—2007年、2008—2012年、2013—2017年以及2018年1—6月，对各时间范围内的期刊按照被引量进行排序，分别选取被引量排名前10篇和前5篇的文献，其中剔除研究内容涉及银行、保险、高校等与本书研究对象行业差异度较大的文章，排除文献综述类、不涉及财务指标以及财务指标阐述不明确的文章。对35篇满足条件的文献最终使用的财务指标进行统计，统计结果见附表1至附表4。

附表1　　2003—2007年财务指标文献统计

序号	文章名	作者及年份	文章最终选用的财务指标
1	基于BP神经网络的上市公司财务预警模型	杨淑娥，黄礼（2005）	流动比率、速动比率、现金比率、产权比率、利息保障倍数、盈利现金比率（经营活动现金净流量÷净利润）、总资产报酬率、净资产收益率、存货周转率、应收账款周转率、总资产周转率、主营业务鲜明率、资本保值增值率、净利润增长率、累积盈利能力（留存收益占总资产比）

续表

序号	文章名	作者及年份	文章最终选用的财务指标
2	上市公司财务预警模型——Y 分数模型的实证研究	杨淑娥，徐伟刚（2003）	速动比率、权益比率、债务保障率（全部现金流量 ÷ 总负债）、来自经营活动的现金 ÷ 总负债、总资产报酬率、销售成本利润率、主营业务增长率、累积盈利能力
3	基于财务与非财务指标的亏损公司财务预警研究——以公司 S T 为例	王克敏、姬美光（2006）	净利润 ÷ 总资产、流动比率、资产负债率、总资产增长率、总资产周转率
4	上市公司财务状况分类研究	吕长江、赵岩（2004）	流动比率、速动比率、总资产规模、经营活动净现金流量 ÷ 流动负债
5	上市公司财务预警实证研究的动态视角	张鸣、程涛（2005）	资产负债率、存货总额 ÷ 主营业务收入净额、主营业务利润 ÷ 总资产、总资产报酬率、每股收益、留存收益占总资产比、每股未分配利润
6	以主成分分析法构建企业财务危机预警模型	刘红霞、张心林（2004）	现金比率、资产负债率、存货周转率、应收账款周转率、主营业务利润率、息税前利润 ÷ 总资产、主营业务增长率、经营活动现金净流量增长率、主营业务现金比率
7	基于 BP 神经网络和面板数据的上市公司财务危机预警	杨淑娥、王乐平（2007）	总资产报酬率、销售净利率、净资产收益率、息税前利润 ÷ 总资产、存货周转率、应收账款周转率、总资产周转率、经营现金负债比率、经营现金流动负债比率、资本保值增值率、净利润增长率、主营业务鲜明程度

续表

序号	文章名	作者及年份	文章最终选用的财务指标
8	不同模型在财务预警实证中的比较研究	吴德胜、梁樑、殷尹（2004）	资产收益率、负债比率（资产负债率）、存货比率、应收账款比率、总资产周转率、盈利指数、现金流量指数
9	企业财务危机预警 Rough - ANN 模型的建立及其应用	李晓峰、徐玖平（2004）	资产报酬率、销售利润率、资本收益率、营运资金占用率、存货周转率、应收账款周转率、流动比率、资产流动负债率、负债流动资产率、资产负债率、负债权益比率、税前利润流动负债率
10	基于多元判别分析和神经网络技术的公司财务困境预警	张玲、陈收、张昕（2005）	资产净利润率、股本账面值÷股本市值、固定资产总额、主营业务收入增长率、留成利润比率（留存收益÷净利润）、每股经营现金流、流通股市值负债比

附表 2　　2008—2012 年财务指标文献统计

序号	文章名	作者及年份	文章最终选用的财务指标
1	基于主成分分析和 Logistic 回归方法的财务预警模型比较——来自我国制造业上市公司的经验证据	孔宁宁、魏韶巍（2010）	所有者权益比率、权益负债比率、流动比率、营运资金与资产总额比率、现金流量与流动负债比率、营业毛利率、资产报酬率、总资产净利润率、投入资本回报率

续表

序号	文章名	作者及年份	文章最终选用的财务指标
2	基于现金流的财务危机预警指标体系构建研究——基于我国制造业上市公司数据	聂丽洁、赵艳芳、高一帆（2011）	净资产收益率、总资产利润率、销售利润率、EBIT与流动负债比率、EBIT与总负债比率、利息保障倍数、负债与权益比、流动比率、速动比率、营运资本占总资产比、存货周转率、应收账款周转率、应付账款周转率、净利润增长率、应收账款增长率、应付账款增长率、存货增长率、固定资产增长率、所有者权益增长率、主营业务获现率、总资产获现率、总现金流入比总现金流出、经营现金流出比总现金流出、再投资现金比率、营运指数、投资现金流入比投资现金支出、投资流入比总流入、筹资流入比筹资流出、筹资流入比总流入、资产负债率、现金总负债比率、现金流动负债比率、筹资净现金流量与所有者权益比
3	功效系数法在企业财务预警模型中的应用	洪燕平（2010）	主营业务净利率、净资产收益率、应收账款周转率、存货周转率、不良资产比率、现金流动负债比率、流动比率、主营业务增长率、固定资产增长率
4	EVA视角的上市公司财务预警实证研究	董雪雁（2008）	营业现金流量比平均总负债、总资产报酬率、留存收益占总资产比、总资产周转率、主营业务鲜明率、销售净利率、创值率、股权创值率
5	基于现金流的财务预警研究：线性概率模型与Logistic模型之应用比较	李红琨、陈永飞、赵根（2011）	现金流量充足率、经营现金流量比率、自由现金流量比率、总资产周转率、现金比率、现金总负债比率、资产负债率、盈利现金比率、经营业务现金比率、资产净利率、每股经营现金流量

续表

序号	文章名	作者及年份	文章最终选用的财务指标
6	基于 Logistic 模型的上市公司财务危机预警研究	宋鹏、张信东（2009）	债务资产比率、净利润率、总资产周转率、经营活动产生的现金流量净额占流动负债比
7	基于因子分析模型的上市公司财务风险评价	李兴尧、钱琴（2011）	流动比率、速动比率、现金比率、存货周转率、应收账款周转率、总资产周转率、资产负债率、负债权益比率、经营流动现金负债比率、经营现金负债比率、已获利息倍数、总资产报酬率、销售成本利润率、销售净利率、净资产收益率、息税前利润占总资产比、营业利润率、净收益营运指数、留存收益与总资产比率、主营业务增长率、净利润增长率
8	基于神经网络技术的企业财务危机预警研究	吴应宇、蔡秋萍、吴芃（2008）	净资产收益率、资产报酬率、净利润率、流动比率、速动比率、债务资产比率、净资产增长率、资产周转率、现金流动负债比率、股东权益比率、市盈率、市净率
9	中小上市公司财务危机判别模型研究	韩立岩、李蕾（2010）	每股收益、净资产收益率、主营业务利润率、总资产报酬率、总资产净利率、资产留存收益率、资产净利率、固定资产周转率、流动资产周转率、存货周转率、应收账款周转天数、应收账款周转率、净资产周转率、总资产周转率、每股现金流量净额、销售净现金率、营运资本占总资产比、流动比率、速动比率、资产负债率、已获利息倍数、现金债务比、净资产收益率增长率、资产总额增长率、利润总额增长率、总资产对数

续表

序号	文章名	作者及年份	文章最终选用的财务指标
10	基于 RBF 神经网络的物流企业财务风险预警评价	刘磊、郭岩（2012）	主营收入毛利率、总资产收益率、净资产收益率、流动比率、速动比率、现金比率、总资产周转率、应收账款周转率、存货周转率、主营业务增长率、总资产扩张率、净资产增长率

附表 3　　2013—2017 年财务指标文献统计

序号	文章名	作者及年份	文章最终选用的财务指标
1	宏观经济因素对企业财务困境风险影响的实证分析	卢永艳（2013）	净资产收益率、资产报酬率、销售净利率、成本费用利润率、流动比率、速动比率、现金流动负债比、资产负债率、存货周转率、应收账款周转率、固定资产周转率、总资产周转率、净利润增长率、净资产增长率、总资产增长率、销售现金比率、总资产现金回收率、流动资产比率、固定资产比率、股东权益比率
2	我国房地产企业财务风险的预警与防范	杜俊娟（2013）	流动比率、速动比率、现金比率、营运资金比率、资产负债率、流动资产比率、速动资产比率、长期负债比率、应收账款周转率、存货周转率、总资产周转率、总资产息税前利润率、主营业务利润率、净资产收益率、经营现金净流量与销售收入比率、经营现金净流量与净利润比率、净利润增长率、净资产增长率、固定资产增长率
3	基于聚类—粗糙集—神经网络的企业财务危机预警	鲍新中、杨宜（2013）	流动比率、资产负债率、现金流动负债比、存货周转率、应收账款周转率、净资产收益率、资产报酬率、营业利润增长率、营业收入增长率

续表

序号	文章名	作者及年份	文章最终选用的财务指标
4	中小企业财务风险预警体系构建	俞晓东（2015）	净资产收益率、总资产收益率、销售净利润、营业利润率、流动比率、速动比率、资产负债率、营业收入增长率、净利润增长率、营业利润增长率、总资产增长率、存货周转率、总资产周转率、流动资产周转率、应收账款周转率、经营现金流量负债比
5	企业财务风险预警模型研究——基于制造业数据	解秀玉、管西三（2013）	速动比率、资产负债率、总资产周转率、应收账款周转率、存货周转率、销售净利率、总资产报酬率、总资产增长率、净利润增长率、现金流量流动负债比率、每股经营活动现金流量
6	基于大数据的企业财务预警研究	宋彪、朱建明、李煦（2015）	流动比率、速动比率、资产负债率、现金比率、资产净利润率、营业利润率、总资产回收率、销售现金比率、固定资产比率、无形资产比率、存货周转率、总资产周转率
7	基于神经网络的企业财务危机预警研究——以制造业上市公司为例	黄晓波、高晓莹（2015）	资产负债率、有形净值债务率、权益与负债比率、权益乘数、每股净资产、资本支出与折旧摊销比、资本保值增值率、营业利润率、销售净利率、息税前利润与营业收入比、息税前利润与资产总额比、总资产净利润率、净资产收益率、投入资本回报率、每股收益、营运资金比率、营运资金与资产总额比率、营运资金与净资产总额比率、流动比率、速动比率

续表

序号	文章名	作者及年份	文章最终选用的财务指标
8	我国房地产上市公司财务风险预警模型的建立与应用	程言美、程杰（2013）	每股收益、净资产收益率、总资产报酬率、主营业务利润率、流动比率、速动比率、流动资产率、负债结构比率、主营业务增长率、主营收入净利润率、净资产增长率、每股收益增长率、每股经营现金流、应收账款周转率、存货周转率、总资产周转率、成本费用利润率、资产负债率、股东权益比率、代理成本比、重大关联交易、重大诉讼、独立审计意见、综合投资评级
9	基于Logistic分析的上市公司财务预警研究	李莉（2014）	销售净利率、净资产收益率、每股收益、应收账款周转率、流动资产周转率、总资产周转率、流动比率、速动比率、资产负债率、权益负债比率、净利润增长率、营业利润增长率、总资产增长率、现金流量比率、营业收入现金比率
10	基于神经网络模型的上市公司财务风险预警研究——来自山东省制造业数据	曹彤、郭亚军（2014）	每股收益、每股净资产、速动比率、现金比率、流动比率、流动资产周转率、固定资产周转率、所有者权益增长率、总资产增长率、净利润增长率、经营净现金比率、综合杠杆系数、股权集中度、独立董事比例

附表 4　　　　2018 年 1—6 月财务指标文献统计

序号	文章名	作者及年份	文章最终选用的财务指标
1	资源型上市公司财务预警实证分析	阿小燕、赵娟（2018）	净资产收益率、总资产利润率、营业利润率、每股收益、存货周转率、应收账款周转率、总资产周转率、流动比率、速动比率、资产负债率、固定资产比重、主营业务收入增长率、净利润增长率、净资产增长率、总资产增长率、债务保障率、资产现金回收率、净利润营运指数
2	引入公司治理指标的企业财务预警对比研究——以制造业为例	徐欣（2018）	流动比率、速动比率、现金流量利息保障倍数、经营现金流量负债比率、资产报酬率、总资产净利润率、净资产收益率、营业净利率、存货周转率、应收账款周转率、固定资产周转率、总资产周转率、净利润现金净含量、销售收入现金含量、资产现金回收率、营业利润现金含量、总资产周转率、资本积累率、营业收入增长额、净利润增长率、第一大股东持股比例、CR - 10 指标、Z 指数、Herfindahl - 10、董事会规模、监事会规模
3	ST 上市公司财务脱困测度指标筛选与确定	吴虹雁、沙俊、许未（2018）	销售毛利率、销售净利率、净资产收益率、销售收入期间费用率、存货周转率、应收账款周转率、应付账款周转率、流动资产周转率、固定资产周转率、总资产周转率、流动比率、资产负债率、产权比率、流动负债率、长期负债率、营业收入同比增长率、净利润同比增长率、净资产同比增长率、总资产同比增长率、现金净流量同比增长率、销售现金比率、自由现金流量、经营现金净流量、总资产现金回收率

续表

序号	文章名	作者及年份	文章最终选用的财务指标
4	低碳经济视角下高碳排放企业财务风险预警分析	高金河（2018）	存货周转率、应收账款周转率、营运资金周转率、总资产周转率、碳资产周转率、碳营运费用率、速动比率、资产负债率、产权比率、碳资产负债率、碳负债率、总资产报酬率、净资产报酬率、销售利润率、碳销售利润率、碳资产报酬率、营业增长率、总资产增长率、资本增长率、碳资产增长率
5	多源信息融合视角下中小企业财务危机预警研究——基于集成学习的数据挖掘方法	操玮、李灿、朱卫东（2018）	流动比率、权益乘数、速动比率、已获利息倍数、应收账款周转率、存货周转率、固定资产周转率、净资产收益率、销售成本率、销售净利率、总资产报酬率、固定资产占总资产比、股东权益 ÷ 固定资产、净利润增长率、总资产增长率、每股净资产、每股收益、社会消费品零售总额增长

参 考 文 献

[1] 阿小燕，赵娟. 资源型上市公司财务预警实证分析 [J]. 财会月刊，2018 (2)：79 - 84.

[2] 白重恩，刘俏，陆洲，等. 中国上市公司治理结构的实证研究 [J]. 经济研究，2005 (2)：81 - 91.

[3] 鲍新中，杨宜. 基于聚类—粗糙集—神经网络的企业财务危机预警 [J]. 系统管理学报，2013，22 (3)：358 - 365.

[4] 贝克尔. 人类行为的经济分析 [M]. 上海：上海三联书店出版社，1993.

[5] 贝塔兰菲. 一般系统论 [M]. 北京：社会科学文献出版社，1987.

[6] 曹翠珍，吴生瀛. 企业并购的财务协同效应实证分析 [J]. 会计之友，2017 (24)：37 - 41.

[7] 曹建海. 中国产业过度竞争的制度分析 [J]. 河北经贸大学学报，2000，21 (3)：1 - 9.

[8] 曹彤，郭亚军. 基于神经网络模型的上市公司财务风险预警研究——来自山东省制造业数据 [J]. 财会通讯，2014 (9)：89 - 92.

[9] 操玮，李灿，朱卫东. 多源信息融合视角下中小企业财务危机预警研究——基于集成学习的数据挖掘方法 [J]. 财会通讯，2018 (5)：95 - 99.

[10] 陈本菲．僵尸企业的识别与域外处置经验借鉴 [J]．法制与经济（下旬刊），2016（7）：11－15.

[11] 陈丹，刘杰琼．中小企业股权集中度、高管激励和公司绩效相关性研究 [J]．东岳论丛，2010，31（11）：44－49.

[12] 陈静．上市公司财务恶化预测的实证分析 [J]．会计研究，1999（4）：31－38.

[13] 陈武朝．经济周期、行业景气度与盈余管理——来自中国上市公司的经验证据 [J]．审计研究，2013（5）：96－105.

[14] 陈小悦，徐晓东．股权结构、企业绩效与投资者利益保护 [J]．经济研究，2001（11）：3－11.

[15] 陈永伟．资源错配：问题、成因和对策 [D]．北京：北京大学，2013.

[16] 陈永伟，胡伟民．价格扭曲、要素错配和效率损失：理论和应用 [J]．经济学（季刊），2011，10（4）：1401－1422.

[17] 程虹，胡德状．“僵尸企业”存在之谜：基于企业微观因素的实证解释——来自2015年“中国企业－员工匹配调查”（CEES）的经验证据 [J]．宏观质量研究，2016，4（1）：7－25.

[18] 程言美，程杰．我国房地产上市公司财务风险预警模型的建立与应用 [J]．武汉理工大学学报，2013，35（6）：151－156.

[19] 迟国泰，章彤，张志鹏．基于非平衡数据处理的上市公司ST预警混合模型 [J]．管理评论，2020，32（3）：18.

[20] 崔益铭．我国僵尸企业破产清算法律制度研究 [D]．重庆：西南大学，2017.

[21] 党国英，梁积江．资源配置的不同方式及其替代关系 [J]．兰州大学学报（社会科学版），1995（1）：11－16.

[22] 董雪雁. EVA视角的上市公司财务预警实证研究 [J]. 财会通讯: 学术版, 2008 (3): 113 - 116.

[23] 杜俊娟. 我国房地产企业财务风险的预警与防范 [J]. 会计之友, 2013 (10): 44 - 47.

[24] 杜兴强, 王丽华. 高层管理当局薪酬与上市公司业绩的相关性实证研究 [J]. 会计研究, 2007 (1): 58 - 65.

[25] 高金河. 低碳经济视角下高碳排放企业财务风险预警分析 [J]. 经济研究导刊, 2018 (6): 98 - 100.

[26] 高美慧. 我国"僵尸企业"认定及其市场退出机制研究 [D]. 苏州: 苏州大学, 2017.

[27] 高明华, 马守莉. 独立董事制度与公司绩效关系的实证分析——兼论中国独立董事有效行权的制度环境 [J]. 南开经济研究, 2002 (2): 64 - 68.

[28] 高明华, 杨静. 中国上市公司治理绩效的影响因素分析 [J]. 国际金融研究, 2002 (11): 54 - 58.

[29] 高太光, 王有建. 上市民营企业财务困境影响因素及其组态 [J]. 华东经济管理, 2024, 38 (1): 110 - 119.

[30] 顾梓琦. 基于熵权法的神经网络模型与logistic回归的财务预警模型比较与分析 [D]. 成都: 西南财经大学, 2010.

[31] 郭金玉, 张忠彬, 孙庆云. 层次分析法的研究与应用 [J]. 中国安全科学学报, 2008 (5): 148 - 153.

[32] 韩冰华. 农地资源合理配置的制度经济学分析 [D]. 湖北: 华中农业大学, 2005.

[33] 韩立岩, 李蕾. 中小上市公司财务危机判别模型研究 [J]. 数量经济技术经济研究, 2010 (8): 102 - 115.

[34] 韩少真，潘颖，张晓明. 公司治理水平与经营业绩——来自中国A股上市公司的经验证据 [J]. 中国经济问题，2015 (1): 50-62.

[35] 汉斯曼. 企业所有权论 [M]. 北京：中国政法大学出版社，2001.

[36] 郝云宏，周翼翔. 董事会结构、公司治理与绩效——基于动态内生性视角的经验证据 [J]. 中国工业经济，2010 (5): 110-120.

[37] 何帆，朱鹤. 僵尸企业的识别与应对 [J]. 中国金融，2016 (5): 20-22.

[38] 何盛明. 财经大辞典 [M]. 北京：中国财政经济出版社，1990.

[39] 何威风，刘巍. 公司为什么选择法律背景的独立董事 [J]. 会计研究，2017 (4): 45-51.

[40] 何秀贤. 正指标与逆指标相互关系的探讨 [J]. 中国管理信息化，2008, 11 (20): 55-57.

[41] 贺炎林. 战略性新兴产业中股权集中度对公司绩效的影响 [J]. 西南民族大学学报（人文社科版），2014 (2): 124-132.

[42] 贺志东. 企业重组税收 [M]. 北京：清华大学出版社，2005.

[43] 洪燕平. 功效系数法在企业财务预警模型中的应用 [J]. 财会月刊，2010 (5): 12-13.

[44] 胡加明，吴迪. 股权结构与企业绩效之谜 [J]. 东岳论丛，2020, 41 (10): 97-113.

[45] 胡利玲. 困境企业拯救的法律机制研究 [D]. 北京：中

国政法大学，2007.

［46］胡旭．公司治理结构与财务困境相关性探究［J］．北京市经济管理干部学院学报，2012，27（1）：32－38.

［47］黄如福．环境决定战略——企业战略环境分析与战略制定［J］．施工企业管理，2008（1）：27－30.

［48］黄少卿，陈彦．中国僵尸企业的分布特征与分类处置［J］．中国工业经济，2017（3）：26－45.

［49］黄晓波，高晓莹．基于神经网络的企业财务危机预警研究——以制造业上市公司为例［J］．会计之友，2015（5）：30－34.

［50］金玉国．一种测定权数的新方法：灰色系统关联分析法［J］．统计教育，2002（3）：14－15.

［51］孔宁宁，魏韶巍．基于主成分分析和 Logistic 回归方法的财务预警模型比较——来自我国制造业上市公司的经验证据［J］．经济问题，2010（6）：112－116.

［52］李传宪．政治关联、债务重组扭亏与公司投资效率［J］．审计与经济研究，2014，29（2）：76－84.

［53］黎春．中国上市公司财务指数研究［D］．成都：西南财经大学，2010.

［54］李红琨，陈永飞，赵根．基于现金流的财务预警研究：线性概率模型与 Logistic 模型之应用比较［J］．经济问题探索，2011（6）：102－105.

［55］李怀建，耿晓晗．研发投入、高管激励与企业绩效——基于我国上市公司的实证研究［J］．哈尔滨商业大学学报（社会科学版），2021（6）：36－48.

［56］李莉．基于 Logistic 分析的上市公司财务预警研究［J］．

生产力研究，2014（1）：32－36.

［57］李万福，叶阿忠．中国上市公司融资结构的宏观因素分析［J］．中国管理科学，2007，15（6）：26－32.

［58］李维安，唐跃军．公司治理评价、治理指数与公司业绩——来自2003年中国上市公司的证据［J］．中国工业经济，2006（4）：98－107.

［59］李晓峰，徐玖平．企业财务危机预警Rough－ANN模型的建立及其应用［J］．系统工程理论与实践，2004，24（10）：8－14.

［60］李兴尧，钱琴．基于因子分析模型的上市公司财务风险评价［J］．会计之友，2011（7）：79－80.

［61］梁权熙，曾海舰．独立董事制度改革、独立董事的独立性与股价崩盘风险［J］．管理世界，2016，270（3）：144－159.

［62］廖冠民，卢闯，陈勇．股权结构、财务困境成本与困境公司绩效［J］．南开管理评论，2006，9（6）：68－73.

［63］林婷，王玮思．融资与还贷视角下僵尸企业的存亡选择——基于逆向归纳法的企业、政府、银行三方子博弈精炼纳什均衡分析［J］．中国商论，2015（12）：10－14.

［64］刘春，陆超．并购协同效应的分类分析［J］．沿海企业与科技，2005（2）：24－25.

［65］刘红霞，张心林．以主成分分析法构建企业财务危机预警模型［J］．中央财经大学学报，2004（4）：70－75.

［66］刘奎甫，茅宁．“僵尸企业”国外研究述评［J］．外国经济与管理，2016，38（10）：3－19.

［67］刘磊，郭岩．基于RBF神经网络的物流企业财务风险预

警评价［J］. 财会月刊，2012（9）：59－61.

［68］刘尚希. 宏观金融风险与政府财政责任［J］. 管理世界，2006（6）：10－17.

［69］刘绍娓，万大艳. 高管薪酬与公司绩效：国有与非国有上市公司的实证比较研究［J］. 中国软科学，2013（2）：90－101.

［70］刘树成. 新中国经济增长60年曲线的回顾与展望——兼论新一轮经济周期［J］. 经济学动态，2009（10）：3－10

［71］刘秀云. 企业内部控制风险管理机制之我见［J］. 现代国企研究，2017（2）：64－65.

［72］卢馨，黄顺. 智力资本驱动企业绩效的有效性研究——基于制造业、信息技术业和房地产业的实证分析［J］. 会计研究，2009（2）：68－74.

［73］卢学法. 产业结构变动与经济周期波动关系研究［D］. 杭州：浙江大学，2017.

［74］卢永艳. 宏观经济因素对企业财务困境风险影响的实证分析［J］. 宏观经济研究，2013（5）：53－58.

［75］栾甫贵. 企业破产重整价值评估研究［M］. 上海：立信会计出版社，2011.

［76］栾甫贵，李方玉. 僵尸企业的文献回顾与评价［J］. 会计之友，2017（14）：70－75.

［77］栾强. 我国企业文化建设亟待解决的问题及对策［J］. 山东社会科学，2017（1）：143－146.

［78］罗德明，李晔，史晋川. 要素市场扭曲、资源错置与生产率［J］. 经济研究，2012（3）：4－14.

［79］罗进辉，黄泽悦，朱军. 独立董事地理距离对公司代理成

本的影响［J］. 中国工业经济，2017（8）：100－119.

［80］罗进辉，李雪，黄泽悦. 关键高管的人力资本价值评估——基于关键高管突然去世事件的经验研究［J］. 中国工业经济，2016（5）：127－143.

［81］罗毅，李昱龙. 基于熵权法和灰色关联分析法的输电网规划方案综合决策［J］. 电网技术，2013，37（1）：77－81.

［82］吕长江，赵岩. 上市公司财务状况分类研究［J］. 会计研究，2004（11）：53－61.

［83］吕峻，李梓房. 宏观经济因素对企业财务危机影响的实证分析［J］. 山西财经大学学报，2008（11）：94－100.

［84］吕峻，石荣. 宏观经济因素对公司资本结构影响的研究——兼论三种资本结构理论的关系［J］. 当代经济科学，2014，36（6）：95－105.

［85］南开大学公司治理研究中心公司治理评价课题组. 中国上市公司治理指数与治理绩效的实证分析［J］. 管理世界，2004（2）：63－74.

［86］南开大学公司治理评价课题组，李维安，程新生. 中国公司治理评价与指数报告——基于2007年1162家上市公司［J］. 管理世界，2008（1）：145－151.

［87］倪娟，孔令文. 环境信息披露、银行信贷决策与债务融资成本——来自我国沪深两市A股重污染行业上市公司的经验证据［J］. 经济评论，2016（1）：147－156.

［88］聂辉华，贾瑞雪. 中国制造业企业生产率与资源误置［J］. 世界经济，2011（7）：27－42.

［89］聂辉华，江艇，张雨潇，等. 中国僵尸企业研究报告——

现状、原因与对策［J］. 中国人民大学国家发展与战略研究院报告，2016（9）：1－52.

［90］聂丽洁，赵艳芳，高一帆. 基于现金流的财务危机预警指标体系构建研究——基于我国制造业上市公司数据［J］. 经济问题，2011（3）：108－112.

［91］彭华. 宏观经济因素对企业财务困境风险影响的实证分析［J］. 经济研究导刊，2016（16）：79－80.

［92］钱忠华. 公司治理与企业财务困境——基于股权结构角度的实证分析［J］. 经济与管理研究，2009（5）：80－86.

［93］秦吉，张翼鹏. 现代统计信息分析技术在安全工程方面的应用：层次分析法原理［J］. 工业安全与环保，1999（5）：44－48.

［94］曲亮，章静，郝云宏. 独立董事如何提升企业绩效——立足四层委托—代理嵌入模型的机理解读［J］. 中国工业经济，2014（7）：109－121.

［95］任风雷. "僵尸企业"破产重整法律问题研究［D］. 北京：北京外国语大学，2017.

［96］任志新. 一般系统论在企业管理中的运用［J］. 商场现代化，2005（6）：25－26.

［97］史建平. 宏观经济运行中的金融风险及其防范［J］. 中央财经大学学报，1998（11）：39－43.

［98］舒伟，左锐，陈颖，等. COSO风险管理框架的新发展及其启示［J］. 西安财经学院学报，2018，31（5）：42－48.

［99］宋彪，朱建明，李煦. 基于大数据的企业财务预警研究［J］. 中央财经大学学报，2015（6）：55－64.

［100］宋鹏，张信东. 基于Logistic模型的上市公司财务危机

预警研究 [J]. 经济问题, 2009, 360 (8): 50 - 52.

[101] 宋晓莉, 余静, 孙海传, 等. 模糊综合评价法在风险评估中的应用 [J]. 微计算机信息, 2006, 22 (36): 71 - 73.

[102] 苏方国. 人力资本、组织因素与高管薪酬: 跨层次模型 [J]. 南开管理评论, 2011, 14 (3): 122 - 131.

[103] 孙保全. 基于企业文化建设的员工满意度提升策略 [J]. 对外经贸, 2010 (4): 127 - 128.

[104] 谭语嫣, 谭之博, 黄益平, 等. 僵尸企业的投资挤出效应: 基于中国工业企业的证据 [J]. 经济研究, 2017 (5): 175 - 188.

[105] 唐清泉, 罗党论, 王莉. 大股东的隧道挖掘与制衡力量——来自中国市场的经验证据 [J]. 中国会计评论, 2005 (1): 63 - 86.

[106] 唐宗明, 蒋位. 中国上市公司大股东侵害度实证分析 [J]. 经济研究, 2002 (4): 44 - 50.

[107] 田宝新, 王建琼. 基于财务与非财务要素的上市公司财务困境预警实证研究 [J]. 金融评论, 2017 (5): 103 - 115.

[108] 田满文. 中国上市公司并购的效率评价与制度优化研究 [D]. 辽宁: 东北大学, 2010.

[109] 王恒进. 如何正确掌握统计学中的正指标和逆指标 [J]. 南通工学院学报 (社会科学版), 2004, 20 (4): 142 - 144.

[110] 王克敏, 姬美光. 基于财务与非财务指标的亏损公司财务预警研究——以公司 ST 为例 [J]. 财经研究, 2006, 32 (7): 63 - 72.

[111] 王克敏, 姬美光, 赵沫. 宏观经济环境、公司治理与财务困境研究 [J]. 经济与管理研究, 2006 (9): 18 - 25.

[112] 王立国，高越青. 建立和完善市场退出机制 有效化解产能过剩 [J]. 宏观经济研究，2014 (10)：8－21.

[113] 王欣新. 僵尸企业治理与破产法的实施 [J]. 人民司法，2016 (13)：4－9.

[114] 王欣新. 管理人制度的发展与创新 [J]. 人民司法（应用)，2017 (19)：14－19.

[115] 王学义，何泰屹. 人力资本对人工智能企业绩效的影响——基于中国282家人工智能上市企业的分析 [J]. 中国人口科学，2021 (5)：88－101，128.

[116] 王玉武，李建设. 关于煤矿托管经营中资产清查及移交问题的研究 [J]. 财经界（学术版)，2011 (10)：110－110.

[117] 王跃堂，赵子夜，魏晓雁. 董事会的独立性是否影响公司绩效 [J]? 经济研究，2006 (5)：62－73.

[118] 魏刚，肖泽忠，TRAVLOS N，等. 独立董事背景与公司经营绩效 [J]. 经济研究，2007 (3)：92－105.

[119] 吴德胜，梁樑，殷尹. 不同模型在财务预警实证中的比较研究 [J]. 管理工程学报，2004，18 (2)：105－108.

[120] 吴虹雁，沙俊，许未. ST上市公司财务脱困测度指标筛选与确定 [J]. 财会月刊，2018 (3)：20－27.

[121] 吴淑琨，刘忠明，范建强. 非执行董事与公司绩效的实证研究 [J]. 中国工业经济，2001 (9)：69－76.

[122] 吴应宇，蔡秋萍，吴芃. 基于神经网络技术的企业财务危机预警研究 [J]. 东南大学学报（哲学社会科学版)，2008，10 (1)：22－26.

[123] 吴育辉，吴世农. 高管薪酬：激励还是自利？——来自

中国上市公司的证据［J］. 会计研究，2010（11）：40－48.

［124］夏宁，董艳. 高管薪酬、员工薪酬与公司的成长性——基于中国中小上市公司的经验数据［J］. 会计研究，2014（9）：89－95.

［125］肖贤辉，谢赤. 宏观经济因素对企业财务困境风险的影响［J］. 湘潭大学学报（哲学社会科学版），2012，36（4）：88－93.

［126］谢赤，赵亦军，李为章. 基于 CFaR 模型与 Logistic 回归的财务困境预警研究［J］. 财经理论与实践，2014（1）：57－62.

［127］解秀玉，管西三. 企业财务风险预警模型研究——基于制造业数据［J］. 南京审计大学学报，2013，10（4）：58－68.

［128］熊兵. "僵尸企业"治理的他国经验［J］. 改革，2016（3）：120－127.

［129］许德风. 破产法论：解释与功能比较的视角［M］. 北京：北京大学出版社，2015.

［130］徐黎. 运用重要因子分析上市公司财务指标［J］. 中国集体经济，2008（21）：107－108.

［131］徐向艺，张立达. 上市公司股权结构与公司价值关系研究——一个分组检验的结果［J］. 中国工业经济，2008（4）：102－109.

［132］许小年. 以法人机构为主体 建立公司治理机制和资本市场［J］. 改革，1997（5）：28－30.

［133］徐欣. 引入公司治理指标的企业财务预警对比研究——以制造业为例［J］. 财会通讯，2018（2）：105－108.

［134］亚当·斯密. 国民财富的性质和原因的研究［M］. 北京：商务印书馆，1972.

［135］杨德勇，曹永霞. 中国上市银行股权结构与绩效的实证

研究 [J]. 金融研究, 2007 (5): 87-97.

[136] 杨纪红. COSO风险管理框架演进及其新进展 [J]. 新会计, 2017 (5): 62-64.

[137] 杨清香, 俞麟, 陈娜. 董事会特征与财务舞弊——来自中国上市公司的经验证据 [J]. 会计研究, 2009 (7): 64-70.

[138] 杨淑娥, 黄礼. 基于BP神经网络的上市公司财务预警模型 [J]. 系统工程理论与实践, 2005, 25 (1): 12-18.

[139] 杨淑娥, 王乐平. 基于BP神经网络和面板数据的上市公司财务危机预警 [J]. 系统工程理论与实践, 2007, 27 (2): 61-67.

[140] 杨淑娥, 徐伟刚. 上市公司财务预警模型——Y分数模型的实证研究 [J]. 中国软科学, 2003 (1): 56-60.

[141] 杨廷干. 关于宏观金融风险及其管理的几点思考 [J]. 金融与经济, 2010 (3): 22-25.

[142] 杨宇焰. 僵尸企业的识别标准、形成原因及对策研究 [J]. 西南金融, 2016 (6): 19-22.

[143] 叶康涛, 陆正飞, 张志华. 独立董事能否抑制大股东的"掏空" [J]. 经济研究, 2007 (4): 101-111.

[144] 叶康涛, 张然, 徐浩萍. 声誉、制度环境与债务融资——基于中国民营上市公司的证据 [J]. 金融研究, 2010 (8): 171-183.

[145] 游家兴, 魏珊珊. 地方政府施政风格与经济高质量发展——基于僵尸企业的研究视角 [J]. 管理科学学报, 2024, 27 (1): 75-95.

[146] 俞晓东. 中小企业财务风险预警体系构建 [J]. 财会通

讯，2015 (10)：35 -38.

[147] 郁芸君，张一林，彭俞超．监管规避与隐性金融风险 [J]．经济研究，2021，56 (4)：93 -109.

[148] 袁萍，刘士余，高峰．关于中国上市公司董事会、监事会与公司业绩的研究 [J]．金融研究，2006 (6)：23 -32.

[149] 詹雷，郭文娟．我国公司治理综合指数研究述评 [J]．财会通讯，2011 (6)：90 -92.

[150] 张栋，谢志华，王靖雯．中国僵尸企业及其认定——基于钢铁业上市公司的探索性研究 [J]．中国工业经济，2016 (11)：90 -107.

[151] 张吉军．模糊层次分析法 (FAHP) [J]．模糊系统与数学，2000，14 (2)：80 -88.

[152] 张军，晓芳．杜邦分析法：缺陷、改进与展望 [J]．内蒙古财经学院学报，2010 (1)：88 -90.

[153] 张亮，唐任伍，成蕾．“僵尸企业”的成因、处置障碍与对策 [J]．经济纵横，2018 (2)：49 -54.

[154] 张玲，陈收，张昕．基于多元判别分析和神经网络技术的公司财务困境预警 [J]．系统工程，2005，23 (11)：49 -56.

[155] 张鸣，程涛．上市公司财务预警实证研究的动态视角 [J]．财经研究，2005，31 (1)：63 -72.

[156] 张明玉，郝健，刘攀．董事长 (党委书记) 薪酬激励对企业经营绩效的影响研究——基于党委书记和董事长“二职合一”的国有企业 [J]．北京交通大学学报 (社会科学版)，2023，22 (1)：123 -137.

[157] 张艳丽．破产重整制度有效运行的问题与出路 [J]．法

学杂志，2016，37（6）：92－102.

［158］赵树文，王嘉伟．僵尸企业治理法治化保障研究——以破产法及其实施机制的完善为研究路径［J］．河北法学，2017，35（2）：78－92.

［159］浙江省发改委产业处．积极化解“僵尸”企业困境的几点建议［J］．浙江经济，2013（15）：16－17.

［160］郑国坚，林东杰，张飞达．大股东财务困境、掏空与公司治理的有效性——来自大股东财务数据的证据［J］．管理世界，2013（5）：157－168.

［161］中共中央马克思恩格斯列宁斯大林著作编译局．马克思恩格斯《资本论》书信集［M］．北京：人民出版社，1976.

［162］中国上市公司内部控制指数研究课题组．中国上市公司内部控制指数研究［J］．会计研究，2011（12）：20－24.

［163］周首华，杨济华，王平．论财务危机的预警分析——F分数模式［J］．会计研究，1996（8）：8－11.

［164］朱慈蕴，林凯．公司制度趋同理论检视下的中国公司治理评析［J］．法学研究，2013（5）：24－41.

［165］朱宏泉，舒兰，王鸿，等．杜邦分析与价值判断——基于A股上市公司的实证研究［J］．管理评论，2011，23（10）：152－161.

［166］朱舜楠，陈琛．“僵尸企业”诱因与处置方略［J］．改革，2016（3）：110－119.

［167］朱焱，翟会静．管理层权力、高管人力资本激励与企业绩效［J］．财经理论与实践，2014，35（6）：96－102.

［168］朱永忠，姚烨，张艳．基于主成分分析和Logistic回归的

上市公司财务困境预警模型的研究［J］. 浙江工业大学学报，2012，40（6）：692－694.

［169］AHEARNE A G，SHINADA N. Zombie firms and economic stagnation in Japan［J］. International Economics & Economic Policy，2005，2（4）：363－381.

［170］ALTMAN E I. Financial ratios，discriminant analysis and the prediction of corporate bankruptcy［J］. The Journal of Finance，1968，23（4）：589－609.

［171］ALTMAN E I. Corporate Financial Distress and Bankruptcy［M］. John Wiley & Sons，1983.

［172］ALTMAN E I，HALDEMAN R G，NARAYANAN P. ZETA™ analysis：A new model to identify bankruptcy risk of corporations［J］. Journal of Banking and Finance，1977，1（1）：0－54.

［173］BAE K H，KANG J K，LIM C W. The value of durable bank relationships：evidence from Korean banking shocks［J］. Journal of Financial Economics，2002，64：181－214.

［174］BEAVER W H. Financial ratios as predictors of failure［J］. Journal of Accounting Research，1966（4）：71－111.

［175］BERLE A A，MEANS G C. The Modern Corporation and Private Property［M］. Macmillan，New York，1932.

［176］BUERA F J，KABOSKI J P，SHIN Y. Finance and development：A tale of two sectors［J］. American Economic Review，2011，101（5）：1964－2002.

［177］CABALLERO R J，HOSHI T，KASHYAP A K. Zombie lending and depressed restructuring in Japan［J］. The American Economic Review, 2008, 95: 1943 - 1977.

[178] FAMA E F, JENSEN M C. Separation of ownership and control [J]. The Journal of Law and Economics, 1983, 26 (2): 301 - 325.

[179] FITZPATRICK P J. A comparison of the ratios of successful industrial enterprises with those of failed companies [J]. Certified Public Accountant, 1932: 598 - 605.

[180] FUKUDA S, NAKAMURA J. Why did "zombie" firms recover in Japan [J]. The World Economy, 2011, 34 (7): 1124 - 1137.

[181] GUNER N, VENTURA G, XU Y. Macroeconomic implications of size - dependent policies [J]. Review of Economic Dynamics, 2008, 11 (4): 721 - 744.

[182] GUY F. CEO pay, shareholder returns, and accounting profits [J]. International Journal of the Economics of Business, 2000, 7 (3): 263 - 274.

[183] HALL B J, LIEBMAN J B. Are CEOs really paid like bureaucrats [J]? The Quarterly Journal of Economics, 1998, 113 (3): 653 - 691.

[184] HOSHI T. Economics of the living dead [J]. The Japanese Economic Review, 2006, 57: 30 - 49.

[185] HOSHI T, KIM Y. Macroprudential policy and zombie lending in Korea [R]. Working Paper, 2012.

[186] HUANG H, ZHAO J J. Relationship between corporate governance and financial distress: An empirical study of distressed companies in China [J]. International Journal of Management, 2008, 25

(4): 654 -664.

[187] IMAI K. A panel study of zombie SMEs in Japan: Identification, borrowing and investment behavior [J]. Journal of the Japanese and International Economies, 2016, 39: 91 -107.

[188] JENSEN M C, MECKLING W H. Theory of the firm: Managerial behavior, agency costs and ownership structure [J]. Social Science Electronic Publishing, 1976, 3 (4): 305 -360.

[189] KANE E J. Dangers of capital forbearance: The case of the FSLIC and "zombie" S&Ls [J]. Contemporary Economic Policy, 1987, 5 (1): 77 -83.

[190] KAPLAN S N. Top executive rewards and firm performance: A comparison of Japan and the United States [J]. Journal of Political Economy, 1994, 102 (3): 510 -546.

[191] LA PORTA R, LOPEZ - DE - SILANES F, SHLEIFER A. Corporate ownership around the world [J]. The Journal of Finance, 1999, 54 (2): 471 -517.

[192] LEHMANN E E, WEIGAND J. Does the governed corporation perform better? Governance structures and corporate performance in Germany [J]. Review of Finance, 2001, 4 (2): 157 -195.

[193] OHLSON J A. Financial ratios and the probabilistic prediction of bankruptcy [J]. Journal of Accounting Research, 1980, 18 (1): 109 -131.

[194] PEEK J, ROSENGREN E S. Unnatural selection: Perverse incentives and the misallocation of credit in Japan [J]. NBER Working Papers, 2003, 95 (4): 1144 -1166.

[195] QU Y. Macroeconomic factors and probability of default [J]. European Journal of Economics, Finance and Administrative Sciences, 2008, 13 (3): 192 -215.

[196] RESTUCCIA D, ROGERSON R. Policy distortions and aggregate productivity with heterogeneous establishments [J]. Review of Economic Dynamics, 2008, 11 (4): 707 -720.

[197] SCHULTZ T W. Investment in Human Capital [J]. The American Economic Review, 1961, 51 (1): 1 -17.

[198] SHLEIFER A, VISHNY R W. Large shareholders and corporate control [J]. Journal of Political Economy, 1986, 94 (3): 461 -488.

[199] XU X, WANG Y. Ownership structure and corporate governance in Chinese stock companies [J]. China Economic Review, 1999, 10 (1): 75 -98.